Ilse Karunaratna
Wir sehen uns im Himmel
Die letzten drei Jahre mit unserer Tochter

Ilse Karunaratna

Wir sehen uns im Himmel

Die letzten drei Jahre mit unserer Tochter

Ilse Karunaratna
Wir sehen uns im Himmel
Die letzten drei Jahre mit unserer Tochter

Bestell-Nr. 271.098
ISBN 978-3-86353-098-3

1. Auflage
© 2014 Christliche Verlagsgesellschaft Dillenburg
www.cv-dillenburg.de
Satz und Covergestaltung: Christliche Verlagsgesellschaft Dillenburg
Umschlagmotive: © Elenamiv/Shutterstock.com (Himmel);
© oksix/Shutterstock.com (Mädchen im Feld);
Anastacia Zalevska/Shutterstock.com (Ornament); Foto von Anne: privat
Druck: GGP Media GmbH, Pößneck
Printed in Germany

Inhalt

Vorwort von Dr. Ute Horn

Jung, intelligent und bildschön. Drei Adjektive, die Anne Karunaratna treffend beschreiben.

Von Geburt an kenne ich sie, Tochter einer Deutschen und eines Singhalesen. In ihr entfalten sich die Eigenschaften beider Kulturen. Mit ihrem braunen Teint, ihren strahlenden Augen und ihrem dunklen Haar zieht sie schon als kleines Mädchen die Menschen in ihren Bann. Die Schule macht ihr keine Probleme. Jedem ist klar, dass sie einmal studieren wird.

Im Elternhaus hört sie die biblischen Geschichten und entscheidet sich in jungen Jahren, als Christ zu leben. Sie lässt sich taufen, singt in einer Lobpreisgruppe und engagiert sich im Pfadfinderstamm und der Jugendarbeit der Gemeinde.

Die Schule gibt ihr immer wieder Gelegenheit, den eigenen Glauben zu hinterfragen und Akzente zu setzen. Eine Aufgabe wird sie sehr herausfordern: Sie bekommt die Chance, ein Kurzreferat über den christlichen Glauben zu verfassen und es an einem Abend in der Schule zu halten. Zwei andere Schüler bereiten Statements zum Thema „Leben als Atheist" bzw. „Leben als Moslem" vor. Danach gibt es eine Podiumsdiskussion. Es wird ein ganz besonderer Abend in Annes Leben. Sie bringt viele Menschen durch das Gesagte zum Nachdenken, vor allem auch durch ihren

Schlusssatz, dass sie auch bereit wäre, für ihren Glauben an Jesus Christus zu sterben.

Drei Monate später gibt es die ersten Anzeichen für ihre Krankheit. Ihr Glaube und das Vertrauen ihrer Familie sowie unserer Gemeinde an einen liebenden Gott werden auf eine harte Probe gestellt. Wir beten, fasten, hoffen und weinen – als Einzelne und als Gemeinde – und haben doch den Eindruck, dass Anne den Ausgang der Krankheit schon kennt. Ihre Vorfreude auf den Himmel und ihre absolute Gewissheit, dass sie dann in ständiger Gemeinschaft mit Jesus Christus leben wird, stecken uns an, auch wenn unser Herz sie hier halten möchte.

Und doch bin ich gewiss, dass Anne nicht starb, weil eine Krankheit gewonnen hat, sondern weil Jesus Christus sie zu sich gerufen hat.

Lassen Sie sich berühren von den Erfahrungen, die Anne und ihre Familie auf so beeindruckende Weise gemacht haben.

Ihre Ute Horn

Frau Dr. med. Ute Horn ist Dermatologin, mehrfache Buchautorin, viel gefragte Referentin und lebt mit ihrem Mann in Krefeld. Sie ist Mutter von sieben Kindern. Weitere Infos: www.ute-horn.de

Vorwort von Ilse Karunaratna

Während Annes Krankheitszeit empfand ich es als außerordentlich entlastend, meine Beobachtungen, Erlebnisse und Gedanken schriftlich festzuhalten, sei es in E-Mails, Briefen oder persönlichen Tagebuchaufzeichnungen. Gleichzeitig erlebte ich, wie stark mich E-Mails, Karten und Briefe von Verwandten und Freunden aufbauten und trösteten. Wenige Wochen nach Annes Tod hatte ich das Bedürfnis, alle diese mir so wertvollen Texte chronologisch zu ordnen und mit erklärenden Zwischentexten zu versehen, ganz einfach um diese einschneidende Zeit mit den unzähligen erstaunlichen und bedeutsamen Einzelheiten nicht zu vergessen. Diese erklärenden Zwischentexte sind im vorliegenden Buch als eingerückte Textpassagen gekennzeichnet.

Personen, deren Namen genannt sind, haben ihr Einverständnis bekundet. Eine Besonderheit sind in diesem Zusammenhang die Zitate aus Annes Tagebuch, das ihrem Testament gemäß eigentlich nur ihre ältere Schwester Mona lesen sollte. Diese Zitate beschreiben aber in beeindruckender und treffender Weise, wie Anne den Beginn ihrer Krankheit empfunden hat, und ich bin ganz sicher, dass Anne ihr Einverständnis gegeben hätte, wenn ich sie hätte fragen können.

Anfangs war ich noch fest davon überzeugt, dass diese „Mappe über Anne" nur für mich persönlich sei und niemand sie lesen dürfe. Aber nur wenig später begann ich doch, einigen Personen, die Anne in den drei Jahren intensiv begleitet hatten, eine Kopie dieser Mappe zu geben. Positive Rückmeldungen ermutigten mich, noch mehr Kopien weiterzugeben an Menschen, die ähnlich schwierige Zeiten erlebt hatten.

Nachdem ich etwa ein Jahr nach Annes Tod auf einem überkonfessionellen Frühstückstreffen für Frauen einen persönlichen Bericht über meine Erfahrungen gegeben hatte, kam ich in Kontakt mit Mitarbeitern des Christlichen Verlags Dillenburg, die mir dann Anfang 2014 mitteilten, dass sie unsere Geschichte gerne veröffentlichen würden. – An dieser Stelle möchte ich Frau Mirjam Kocherscheidt herzlich danken, die dieses Buch so kompetent lektoriert und viele kreative Ideen dazu beigetragen hat.

Außerdem möchte ich den vielen lieben Menschen herzlich danken, die mir geholfen haben, diese drei Jahre so durchzustehen. Da ist in erster Linie meine Familie: mein lieber Mann Nihal, der alles mit mir gemeinsam getragen hat, meine Söhne Dennis und Daniel, meine Tochter Mona mit ihrem Mann Thorsten und ihren Kindern Noah und Noemi und nicht zuletzt Thorstens Vater Manfred Verheyen, Manni genannt, der zu unserer Familie einfach dazugehört. Ich danke unserer Gemeinde, unseren Nachbarn und unzähligen Freunden, die uns mit Gebeten, Besuchen und vielfältiger Hilfe unterstützt haben. Besonders erwähnen möchte ich Pastor Roman Siewert, den damaligen Präses unseres Gemeindebundes, der uns nicht nur seelsorgerlich begleitet, sondern auch seine Skandinavienreise unterbrochen hat, um Annes Beerdigung zu halten. Nicht zu vergessen sind meine und Nihals Arbeitskollegen, die uns durch die Freistellung die Möglichkeit gegeben haben, so viel kostbare Zeit mit Anne und der ganzen Familie zu verbringen, und der Förderverein zugunsten krebskranker Kinder der Krefelder Helios-Klinik, der uns die unvergesslichen Urlaube und so manches andere ermöglicht hat. Ich danke den Lehrerinnen und Lehrern der Willicher Gesamtschule sowie den vielen StufenkollegInnen, die Anne so regelmäßig und treu besucht haben. Mein besonderer Dank gilt den verschiedenen Therapeutinnen und Therapeuten, die erstaunliche Ergebnisse erzielt und so viel Freude in Annes Alltag gebracht haben, sowie den Ärztinnen, Ärzten und Krankenschwestern für ihre medizinisch kompetente und menschlich wohltuende Begleitung.

Ich wünsche mir, dass dieses Buch ein wenig dazu beiträgt, zu verstehen, dass Gott zwar nicht immer unsere Wünsche erfüllt, uns aber durch dunkle und schwere Zeiten hindurchträgt.

„Gott zeigt uns
nie den ganzen Weg im Voraus,
aber er gibt uns jeden Tag
neue Kraft."

Ilse Karunaratna

Tagebucheintrag von Anne

... PS: Heute stand mein Artikel in der WZ!
Anne

Tagebucheintrag von Anne

Hi, liebes Tagebuch, heute war voll der komische Tag. Ich habe heute drei Dreien wiederbekommen, zwei davon in Englisch, meinem LK; das hat mich echt beschäftigt. Dann habe ich heute eine Stunde geschwänzt, und das ist rausgekommen, und in Philo war's richtig, richtig komisch. Ich hatte heute, glaube ich, leichte Erschöpfungserscheinungen und Kreislaufprobleme und hatte deswegen die ganze Zeit Dèjá-Vus. Ich war voll nicht auf der Höhe.

Anna und Marius haben einmal aus irgendeinem Grund über mich gelacht, Ahmed hat sich gar nicht mehr eingekriegt und ich hab auch nur Schwachsinn gelabert. Ich kam mir vor, als wär ich auf Drogen. Plötzlich war ich der festen Überzeugung, dass ich gerade nur träume und gleich wieder aufwache, oder, was auch total schlimm war, ich hatte das Gefühl, heute Nacht einen Traum gehabt zu haben, in dem jeder in dem Raum vorgekommen ist, und

14

ich habe verzweifelt überlegt, was das für ein Traum war. Total gestört! Ich habe jetzt noch das Gefühl, dass mein Gehirn irgendwie müde ist.

Anne

Tagebucheintrag von Anne

Hi, liebes Tagebuch, ich habe das Gefühl, dass es mir körperlich nicht so gut geht in letzter Zeit. Ich habe seit einer Woche jeden Tag Kopfschmerzen und die dann immer über den ganzen Schädel verteilt. Was dazukommt, sind diese komischen „Gedächtnisentzugsphasen", also das, was ich neulich in Philo hatte, habe ich mitten am Tag, dass ich mir nichts mehr merken kann, mir alles total surreal vorkommt oder mir plötzlich ein vermeintlicher Traum einfällt, bei dem ich aber nur Traum mit Realität verwechsele. Ich weiß jetzt auch schon nicht mehr, was ich am Tag so getrieben habe oder worüber ich nachgedacht habe. Ich weiß nur, dass mich die Sache gestern ... noch sehr verfolgt hat, um mich so stark zu beeinflussen, dass das voll auf meine Stimmung schlägt. Wenn ich mich in eine Sache sehr reinsteigere, habe ich Probleme damit, die Welt und mein Umfeld zu sehen, wie sie sind, dann sehe ich schnell alles schwarz.

Anne

Tagebucheintrag von Anne
(Schrift ist auffallend schlechter geworden)

Hallo, Tagebuch, ich habe im Moment echt massive Probleme mit meinem Kopf, vor allem mit meinem Gedächtnis, und ich mache mir wirklich langsam ernsthafte Sorgen. Ich steigere mich halt sehr schnell rein und denke sofort an Gehirntumor. Ich habe Angst.
    Anne

Anne hatte nun schon seit fünf Wochen Kopfschmerzen, vor ca. drei Wochen kam auch noch häufiges Nüchternerbrechen dazu. Die Hausärztin meinte, dass Anne vielleicht zu wenig trinkt, gab uns aber auch gleich Überweisungen für ein EEG und ein MRT. Das EEG ergab gar nichts Auffälliges, der MRT-Termin wäre erst am 24. November (!) gewesen. Leider ging die Ärztin dann in Urlaub und der Vertretungsarzt setzte Anne nur alle paar Tage eine Spritze in die, wie er sagte, verspannte Nackenmuskulatur. Ihre körperliche Schwäche, die mittlerweile hinzukam, erklärte er mit ihrem Teenageralter. Auf unser Drängen hin machte er auch ein Blutbild, aber das ergab auch nichts Besonderes.

Anne lag in den letzten Wochen immer häufiger im Bett, war extrem antriebsarm und neuerdings auch auffällig vergesslich, was total untypisch für sie war. Ich spürte die ganze Zeit über eine dumpfe, unterschwellige Angst in mir, dass etwas sehr Ernstes auf uns zukommen würde. Da in einer Woche die Schule wieder anfangen sollte und ich mir nicht vorstellen konnte, dass Anne so das 12. Schuljahr beginnen könnte, brachte ich sie am heutigen Nachmittag selbst ohne Einweisung in die Krefelder Kinderklinik. Hier nahm der diensthabende Arzt die Sache sofort ernst und wies Anne nach kurzer Untersuchung gleich in die K5 (Kinder-Station für Tumorerkrankungen) ein.

Mittwoch, 12. August 2009

Schon am Dienstag wurde bei Anne ein MRT gemacht, bei dem ein recht großer Tumor ganz nah am Stamm, also mitten im Gehirn, entdeckt wurde. Heute wurde uns die Diagnose mitgeteilt. Wir saßen im Arztzimmer der K5, Anne, Nihal und ich, Herr Dr. Imschweiler, Frau Stüben (die Heilpädagogin) und eine Krankenschwester. Ich weiß nicht mehr, ob noch weitere Personen anwesend waren. Nihal und ich weinten ein bisschen, aber im Großen und Ganzen waren wir wie versteinert.

Anne reagierte nicht auffällig. Sie war sehr gefasst. Ich weiß nur noch, dass ich äußerte, dass wir

17

das zum Schluss schon vermutet hätten, weil ja nichts anderes mehr übrig blieb.

Das MRT der Wirbelsäule war ohne Befund, d. h. der Tumor hatte noch nicht gestreut. Auch die Untersuchung des Nervenwassers war ohne Befund. Man vermutete aber jetzt schon ganz stark (oder war sich gewiss), dass der Tumor bösartig war. Ob erst operiert oder erst bestrahlt werden sollte, damit er kleiner würde, war noch nicht sicher.

Ich weiß nicht mehr, wie wir in Annes Zimmer zurückgekommen sind und was wir da gesprochen haben. Ich weiß nur noch, dass Mona nach einiger Zeit dazukam und sich wunderte, dass wir weinten.

Anne, die gerade von der Toilette kam, sagte lediglich: „Also, so schlimm ist das ja wohl nicht. Wir müssen ja erst mal gucken, wie das wird!"

Nihal und ich machten uns nach einiger Zeit auf den Heimweg, weil wir der Familie und den 80 Gästen absagen mussten, die zwei Tage später zu Nihals Geburtstagsfeier (60) kommen sollten.

Frau Stüben sprach, nachdem wir alle weg waren, noch mit Anne allein.

Rundmail

... Heute haben wir erfahren, dass unsere Anne einen Gehirntumor hat. Sie litt schon seit fünf Wochen unter starken Kopfschmerzen, Erbrechen und Schlappheit, sodass ich sie Sonntagabend ins Krankenhaus brachte. Ein MRT brachte schnelle Gewissheit: Der Tumor ist relativ groß und sitzt

18

recht ungünstig, mittendrin, relativ tief im Gehirn. Trotzdem meinen die Ärzte, dass es in Bonn eine Spezialistin gäbe, die ihn herausoperieren könne. Wir bitten um Gebetsunterstützung. Es ist zurzeit schwierig, so oft zu telefonieren, aber ich bin gern bereit, auf E-Mails zu antworten. ...

In diesen Tagen vor der geplanten OP bekam Anne natürlich noch viel Besuch von Freunden und Bekannten. Monate später erzählte mir eine ihrer Klassenkameradinnen, dass Anne bezüglich der bevorstehenden OP zu ihnen gesagt hatte: „Für euch wird das alles vielleicht viel schlimmer sein als für mich, denn mir wird das alles vielleicht gar nicht so bewusst sein."

Wie recht sie mit diesem Satz hatte, merkten wir in den folgenden Jahren immer wieder.

Tagebucheintrag von Anne

Liebes Tagebuch, eigentlich hätte ich jetzt an dieser Stelle am Ende der Ferien berichtet, warum ich so lange nicht reingeschrieben hab, dass ich fast die ganze Zeit nur mit Kopfschmerzen im Bett gelegen habe. Dass ich jetzt aus dem Krankenhaus schreiben muss, dass ich einen Gehirntumor habe, ist natürlich viel schwerer. Seit Sonntagabend bin ich hier, seit Mittwoch weiß ich jetzt, dass sie

19

was gefunden haben. Und ich gehöre zu der Sorte Mensch, die nicht alles genau wissen muss, hab ich gemerkt. Konnte mir die Bilder bisher einfach noch nicht angucken ...

Bekomme viel Besuch; das ist schön. Morgen werde ich nach Bonn verlegt, wo die OPs anstehen. Ich habe eigentlich keine Angst, bin auch zurzeit in einer wirklich guten Verfassung, merke ich selber und wird mir auch immer wieder gesagt. Ich bin zuversichtlich.

Anne

Ludger, einer unserer Nachbarn, der Vater von Annes Freundin, brachte uns heute mit seinem Auto nach St. Augustin in die Kinderklinik, wo sich eine Neurochirurgin bereit erklärt hatte, diese schwierige OP durchzuführen. Anne hielt die Fahrt gut durch, war aber am Ende extrem erschöpft. Ich hatte mir das Autofahren selbst nicht zugetraut.

Als wir dort die Ärzte trafen, Frau Dr. Messing-Jünger und einen weiteren Neurochirurgen, klärte man uns über die Risiken der OP auf (evtl. Schädigung des Bewegungszentrums, evtl. Verwachsungen mit Arterie und Venen). Anne war gefasst, positiv, zuversichtlich, hatte ein sehr gutes Sprachvermögen, kaum Schmerzen und konnte normal essen.

Heute sollte die große Operation durchgeführt werden. Kurz vor 8.00 Uhr verabschiedeten wir uns von Anne, die sehr gefasst und zuversichtlich war. Eine Krankenschwester erzählte mir später, dass Anne sich nett mit ihr unterhalten und ihr von der geplanten Weisheitszähne-OP berichtet habe, vor der sie eigentlich solch eine Angst gehabt hätte.

Nihal und ich versuchten, die Zeit während der OP auf dem Klinikgelände zu verbringen. Wir fanden die Krankenhauskapelle, in der wir beteten.

Mein Gebet während der ersten großen OP

Danke für die vielfältige Bewahrung in Annes Leben, für Annes jetzige vertrauensvolle Haltung, für den Zusammenhalt in unserer Familie, für hilfreiche Freunde und Nachbarn, dafür, dass bisher keine Streuung entdeckt worden ist, für die guten Ärzte in Krefeld und St. Augustin, für die netten Schwestern in beiden Krankenhäusern, für den schnellen OP-Termin, für die vielen Mitbeter in verschiedenen Gemeinden, für meine Freistellung in der Schule.

Bitten: für gutes Gelingen der OP, dass keine bleibenden Schäden oder Komplikationen auftreten, dass kein Drainageschlauch für das Gehirnwasser nötig wird, dass der Tumor gutartig ist und dass er nicht wiederkommt, dass er nicht festgewachsen ist, son-

21

dern restlos entfernt werden kann, dass die Blutadern bei der OP nicht verletzt werden, dass Daniel, Mona, Thorsten und Dennis auch Gottes Frieden spüren, dass Anne in ihrer Klasse bleiben kann und alles gut aufholt, dass Gott durch all das verherrlicht wird und sich dadurch mehr Menschen für ihn öffnen.

Nach einiger Zeit gingen wir nach draußen, denn es war ein sehr heißer Sommer, und wir versuchten, auf einer Bank zu lesen, um die Zeit herumzubekommen. Als eine Stunde nach der anderen verging, wurde besonders Nihal immer unruhiger. Erst um 16.00 Uhr, also nach acht Stunden, bekamen wir den Anruf, dass wir zur Intensivstation kommen durften.

Den Anblick von Anne werde ich nie vergessen: Man hatte ihr die Haare zu Zöpfen geflochten, damit die verbundene Wunde möglichst wenig berührt wurde. Sie war müde und schläfrig. Als sie die Augen öffnete, waren sie voll Tränen, sie schaute mich unendlich traurig an, als wollte sie sagen: „Das war nicht gut, Mama!" Ich meinte zu sehen, dass sie uns erkannte.

Sie konnte auf Ansprache der Ärzte den Kopf heben, die Hände drücken, Ja und Nein durch Nicken und Kopfschütteln anzeigen. Auf die Frage, ob sie Schmerzen habe, deutete sie auf den Hals, in dem ja während der langen OP der Beatmungsschlauch gesteckt hatte.

In der Nacht musste Anne motorisch sehr unruhig gewesen sein, sodass sie fixiert worden war, damit sie sich nicht die Schläuche abriss. Als wir kamen, war Anne ausgesprochen schläfrig, zeigte kaum Reaktionen. Ein CT zeigte eine Stauung des Gehirnwassers, sodass Anne in einer ganz schnellen (Not-?)OP eine externe Ableitung gelegt bekam. Frau Dr. Messing-Jünger meinte, dass der Bereich des Gehirns, der für die Wachheit zuständig ist, sehr geschwollen sei. Auch müsse sich die Blutversorgung des Gehirns seit der Tumorentfernung total umstellen.

Wenn Anne etwas wach war, hatte man den Eindruck, dass sie ganz viel verstand, sich aber nicht ausdrücken konnte. Sie schien uns auch mit ihren Blicken zu verfolgen.

Nach einer extremen Unruhephase wurde erneut ein CT gemacht und festgestellt, dass sich wieder Gehirnwasser staute. So wurde in einer dritten OP eine zweite externe Ableitung gelegt.

Danach erschien Anne insgesamt wacher und sie konnte auch adäquater reagieren.

Heute Nachmittag kamen Mona, Thorsten, Dennis und Daniel zu Besuch. Dennis hatte unser Auto mitgebracht. Er weinte sehr, als er Anne sah. Mona sprach viel mit ihr, kämmte ihr die Haare und half beim Umbetten. Anne schien alle zu erkennen und zu verstehen. Abends bekam sie aber sehr hohes Fieber, zitterte und sah sehr ängstlich aus. Das Fieber konnte in der Nacht wieder gesenkt werden. Erst viel später erzählte mir Mona, dass sie an Annes Bett eine Weile gesessen, lautlos geweint und im Stillen gebetet habe. Anne habe ihr dann mit ihrer Hand die Tränen weggewischt und ihr mit Zeichensprache angedeutet, dass sie nicht traurig sein solle ...

Anne konnte „Hallo" und „Ja" sagen und versuchte, Papa anzulächeln. Die unbewussten Bewegungen schwächten sich ab; übrig blieb ein permanentes Zittern. Besonders die Finger der rechten Hand waren immer in Bewegung und sie führte alles zum Mund, was sie in die Hand bekam. Die linke Seite war wesentlich ruhiger.

... Seit acht Tagen sind wir nun mit Anne in der Kinderklinik in Sankt Augustin bei Bonn. Der Tumor ist zwar noch nicht hundertprozentig identifiziert, aber es handelt sich höchstwahrscheinlich um einen aggressiven, schnell wachsenden Tumor, ganz tief mitten im Gehirn, direkt am Stamm. Die achtstündige Operation ist zur Zufriedenheit der Ärzte gelungen, aber die vergangenen sieben Tage waren sehr schwer für uns.

Nihal und ich wohnen in der Nähe des Krankenhauses und sitzen fast den ganzen Tag an Annes Bett auf der Intensivstation. Sie musste noch zweimal nachoperiert werden, weil sich das Gehirnwasser immer wieder staute. Wenn sie nicht gerade durch diverse Beruhigungsmittel schläft, ist sie motorisch sehr unruhig, bewegt ihren rechten Arm und ihr rechtes Bein beständig in seltsamer Weise und ist oft in Gefahr, sich viele Versorgungsleitungen herauszureißen. Sie kann noch nicht sprechen, nicht einmal mehr den Kopf schütteln oder nicken, was sie kurz nach der OP noch konnte. Manchmal meine ich, an ihrem Blick zu sehen, dass sie uns erkennt. Immer wieder wird sie wie von Krämpfen erfasst, obwohl die Ärzte meinen, das seien keine Krämpfe, sondern nur unbewusste Entladungen des Mittelhirns. Dabei schwitzt sie fürchterlich und hat einen gequälten Gesichtsausdruck. Wir können es kaum mit ansehen.

Trotzdem sind täglich minimale Verbesserungen zu erkennen (Reaktionen, bewusste Bewegungen nehmen zu, unbewusste nehmen ab). Gestern hatte sie hohes Fieber, aber auch das ist jetzt wieder weg. Wir wissen nicht, ob sie diese Zeit überleben wird. Wir wissen nicht, ob Gott sie vollständig heilen wird. Wir wissen nicht, ob sie mit leichten oder schwersten Behinderungen weiterleben wird. Wir wissen nicht, ob sie wegen des aggressiven Krebses nur noch wenig Zeit hat oder wegen der medizinischen Möglichkeiten noch viel. Wir leben zurzeit nur von einem Tag zum anderen und sind dankbar für jeden kleinen Fortschritt.

Unsere Familie, Gemeinde, Freunde und Bekannte stehen total hinter uns und beten auch viel für uns. Sie helfen uns auch praktisch, wo sie nur können. Dafür sind wir sehr dankbar. ...

Dienstag, 25. August 2009

Frau Dr. Messing-Jünger teilte uns mit, dass es sich, wie vermutet, um den aggressivsten Gehirntumor handelt: ein *Glioblastom multiforme Grad IV*. Das hieß, die Therapie musste so schnell wie möglich beginnen, am besten in Krefeld.

Obwohl ich schon auf diese Nachricht vorbereitet war, hatte ich ganz weiche Knie nach diesem Gespräch. Oftmals sah auch Anne angstvoll aus, obwohl sie das Gespräch nicht mitbekommen hatte.

An diesem Tag sollte die vierte OP durchgeführt werden: die Einsetzung des Shunts, eines internen Drainagesystems, das das Gehirnwasser bei Bedarf in den Bauchraum ableiten und die externen Ableitungen ersetzen sollte. Man merkte Anne die Angst vor der OP an. Sie umarmte Nihal und mich oft, fast klammernd. Ihr Blick war wach und ängstlich, aber sie konnte nicht sprechen. Gemeinsam mit Frau Dr. Messing-Jünger sprachen wir mit dem Onkologen, der uns erklärte, dass eine Bestrahlung derzeit wegen des Zustands des Gehirns noch nicht möglich sei, dass aber die orale Chemotherapie so bald wie möglich beginnen sollte. Es ginge jetzt nur noch darum, „Zeit zu gewinnen mit Lebensqualität".

Frau Dr. Messing-Jünger erzählte mir, dass sie diese OP nicht gemacht hätte, wenn sie gewusst hätte, dass es sich um ein *Glioblastom* handelte, weil Anne nun durch die OP so viele Probleme habe. Aber wenn sie vorher eine Biopsie gemacht hätte, wäre sie verblutet, weil dieser Tumor so aggressiv ist. Wegen der Infektionsgefahr (die externen Ableitungen lagen schon neun und sieben Tage) war nun von einem „Hochrisiko-Shunt" die Rede. Die OP wurde erst am späten Nachmittag durchgeführt, ging aber gut.

Ein Stationsarzt riet uns, professionelle Hilfe zu suchen (Seelsorge, Psychologen, Haushaltshilfe), weil wir noch einen langen und schweren Weg vor uns hätten.

Der Shunt musste noch einmal revidiert werden, da einer der beiden Schläuche nicht mehr funktionierte, weil er durch die Tumorhöhle lief, die nun zusammengebrochen sei. Man sagte uns, das sei normal (?!?!). Ich habe nie verstanden, warum man das dann trotzdem versucht hat. So wurde heute in einer fünften OP ein neuer Schlauch eingesetzt. Anne wirkte nun entspannter, aber noch abwesend, sie fixierte mich kaum. Sie liebte es, ein Tuch im Mund zu haben. Ab und zu zeigte sie, dass sie Kopfschmerzen hatte. Sie war sehr schmusig und kraulte uns öfter.

Ende August 2009

Brief von mir an Anne
(geschrieben, während ich auf der Intensivstation
an ihrem Bett saß)

Liebe Anne, als wir bei dir im Sankt Augustiner Kinderkrankenhaus auf der Intensivstation an deinem Bett saßen und besonders während der ersten beiden Wochen (fünf Operationen!) nicht wussten, ob und wie du diese Zeit überstehen würdest, fragte ich mich immer wieder, ob ich dir überhaupt genug gesagt habe, wie sehr ich dich liebe.

Es ist wohl normal, in solchen Zeiten zurückzudenken. Zum Beispiel wurde ich, als ich deinen Namen und deinen Geburtstag in der Krankenakte sah, an den Tag deiner Geburt erinnert. Ich kann dieses Glücksgefühl heute noch nachempfinden, als ich las: „Anne Karunaratna, 6.4.1992", auf einer rosa Karte, befestigt an deinem Glasbettchen.

Wochen später, als ich dich im Wohnzimmer der Wohnung auf der Gustav-Wilhelm-Straße stillte, hat sich bei mir ein weiterer Moment tief eingeprägt: Ich schaute dich an, und plötzlich wurde mir ganz tief bewusst, dass du die lang ersehnte Erfüllung meiner Sehnsucht warst, mein erstes Baby. Zwölf Jahre lang hatte ich darunter gelitten, nicht verheiratet zu sein und folglich auch keine Kinder haben zu können; dann zu Beginn meiner Ehe mit Papa noch die Fehlgeburt. ... Ich weiß noch, dass mir in diesem Moment die Tränen in die Augen schossen, und ich nur sagte: „Kleine Anne, ich habe so lange auf dich gewartet!"

Die ganzen Kleinkindjahre, Kindergartenjahre, Grundschuljahre, Schuljahre über warst du ein ausgesprochen pflegeleichtes Kind, unproblematisch, leicht zu leiten, verständig und zuverlässig. Ich erinnere mich an unzählige Momente, wo ich ganz stolz auf dich war: dein liebes Verhalten als Kleinkind, deine Leistungen in der Musikschule und in allen Schuljahren überhaupt, deine Lesefähigkeit vor Schuleintritt, deine tollen Aufsätze, dein schauspielerisches Talent bei Klassenaufführungen, deine Musikalität, deine sichere Singstimme, deine ausgesprochene Begabung zu tanzen und Fremdsprachen zu lernen. Ich erinnere mich gut daran, wie stolz ich war, als du Schulsiegerin im Lesewettbewerb geworden und in Viersen in der Kreisauswahl gelandet warst, und deinen ersten veröffentlichten Zeitungsartikel habe ich gut aufgehoben.

Der Tag deiner Taufe in unserer Gemeinde war auch einer der glücklichsten in meinem Leben, und mit großer Dankbarkeit habe ich beobachtet, wie du immer mehr in die verantwortungsvolle Gemeindearbeit hineingewachsen bist. Immer, wenn ich dich in der Gemeinde vorne im Lobpreis stehen sah, oft mit Mona und Daniel zusammen, habe ich Gott von Herzen gedankt. Ein besonderer Höhepunkt in deiner Schullaufbahn war sicher dein Zehnerabschluss, als du mit einem Durchschnitt von 1,16 als Zweite öffentlich geehrt wurdest. Anschließend haben uns einige deiner Lehrer im privaten Gespräch gesagt, dass sie nicht nur deine guten Leistungen, sondern auch deinen reifen Charakter sehr schätzten. Diese charakterliche Reife, verbunden mit deiner brillanten Fähigkeit zu formulieren fand einen überzeugenden Ausdruck in der philosophischen Podiumsdiskussion in der Schule, als du vor über 100 Leuten deinen tiefen Glauben an Gott und Jesus in sehr beeindruckender Weise kundgetan hast. Dieser Abend war nicht nur für mich, sondern auch für viele Anwesende etwas ganz Besonderes.

Wenige Monate später brach deine schlimme Krankheit aus. Mir fehlen die Worte, wenn ich beschreiben soll, wie ich mich seitdem fühle. Dein Blick, mit dem du mich nach der ersten schweren OP angesehen hast, als du langsam wach wurdest, schnitt mir wirklich ins Herz: unendlich traurig und die Augen voll Tränen. Nicht nur für uns, sondern vor allem für dich muss es das Schlimmste gewesen sein, dass du nicht (oder kaum) sprechen konntest. Ich kann nicht abschätzen, was du alles gedacht und empfunden haben musst, als du zwar (wahrscheinlich) alles verstanden und wahrgenommen hast, aber dein Körper sich so seltsam verhielt und die Ärzte dir immer wieder neue OPs ankündigten. Sehr viele traurige Blicke haben mich in dieser Krankenhauszeit getroffen: wenn ich deine elementarsten Bedürfnisse nicht verstand, als ich deine liebevollen Umarmungen, die du bald als „Sprache" entdeckt hattest, zunächst nur als unbewusste Bewegungen bezeichnete; als du dich nicht mitteilen konntest, als du offensichtlich Angst und Panik vor den weiteren OPs hattest; wenn wir uns abends verabschiedeten und du offensichtlich genau wusstest, dass die Nacht länger dauern würde als ein Mittagessen.

Ich liebe dich sehr, Anne, und bete von ganzem Herzen, dass du wieder ganz gesund wirst, wie früher. Aber auch, wenn einiges zurückbleiben sollte von dieser Krankheit, will ich dir meine ganze Liebe und bestmögliche Fürsorge geben. Denn die Grundlage meiner Liebe ist nicht, was du alles kannst, sondern wer und wie du bist, so wie ich es beschrieben habe. Jesus hat durch dein bisheriges Leben so viel Ehre bekommen, und mein größter Wunsch ist, dass das auch weiterhin so sein möge.

Nachträge:

* Ich erinnere mich gerne zurück an unsere „philosophischen" Gespräche auf der Bettkante, im Auto oder am Tisch. Ich habe besonders in den letzten Monaten vor deiner Krankheit über deine außerordentliche Reife gestaunt.

* Ich habe mich mit dir gefreut, dass du dich im 11. Schuljahr so besonders wohlgefühlt und so viele gute Freunde gewonnen hast. Ich habe dir immer vertraut, dass du

gute Wege gehst, auch wenn du mal sehr spät nach Hause kamst. Dein größter Wunsch vor der ersten OP war, dass du dieses Profil nicht verlassen müsstest, sondern die Krankheit schnell überwinden und recht bald zu deinen Freunden zurückkehren könntest. Leider können wir zurzeit den weiteren Verlauf überhaupt nicht überblicken. Die fünf OPs haben dich sehr mitgenommen und erfordern bestimmt eine lange Erholungszeit.

* In der Woche vor der schlimmen Kopfschmerzphase hast du noch ganz gewissenhaft jeden Tag im Stadtwald[1] mitgearbeitet und gleichzeitig ganz zielstrebig deinen Ferienjob bei *CocoBello* ausgeübt, um Geld für den Führerschein zu verdienen. Das finde ich auch total bewundernswert.

Brief an eine Bekannte

... Es fällt mir nicht leicht, diesen Brief zu schreiben. Dass du so tief mit unserer Not mitempfindest und sogar einen besonderen Heilstein gesucht und gekauft hast, ist für mich ein tiefer Beweis deines Mitfühlens und der Hilfsbereitschaft. Du hast gute Erfahrungen mit diesen Heilsteinen gemacht und wolltest das Beste, das du kennst, weitergeben. Diese Motivation weiß ich wirklich zu schätzen und danke dir aufrichtig dafür.

Leider muss ich dir sagen, dass ich diesen Stein nicht annehmen und schon gar nicht anwenden möchte, weil

---

[1] Kinderkircheneinsatz unserer Gemeinde

dieser Glaube an die Heilkraft von Steinen meinem christlichen Glauben widerspricht. Zurzeit kann ich das nicht rational begründen, denn ich weiß zu wenig über den Ursprung dieses Glaubens an heilende Steine und habe im Moment auch keine Zeit, mich näher darüber zu informieren. Also treffe ich jetzt diese Entscheidung aus meiner langjährigen Erfahrung als bewusster Christ (und aus einem deutlichen „Bauchgefühl") heraus.

Als Christ habe ich viele Male erlebt, dass Gott durch Jesus Menschen geheilt hat. Darauf vertrauen wir auch jetzt. Wir nutzen auch sehr dankbar die Tatsache, dass Gott Chirurgen und vielen anderen großartige Fähigkeiten gegeben hat, und sind insofern auch dankbar, dass wir in der heutigen Zeit und in diesem Land leben. Ein Glaube, der irgendeinen Teil der Schöpfung (seien es Sterne, Bäume oder aus irgendwelchen Materialien hergestellte Statuen) zum Ziel hat, also diesen Dingen eine gewisse Heilkraft (oder gar Erlösungskraft?) beimisst, übersieht meiner Meinung nach, dass Gott der Welt das komplette Heil in Jesus Christus gegeben hat.

Wie gesagt, wir glauben und vertrauen, dass Gott Anne heilen kann, aber er sieht weiter und spricht das letzte Wort. Mein Mann hat seine erste Frau durch Krebs verloren, obwohl er und alle anderen gebetet haben, aber das hindert uns nicht, immer wieder zu glauben.

Natürlich hoffen wir inständig, Anne so wiederzubekommen, wie sie einmal war, aber wenn Gott einen anderen Plan hat, wissen wir jetzt schon, dass er uns die Kraft gibt, auch das zu ertragen. Das merken wir nämlich jetzt schon jeden Tag. Bitte sei mir also nicht böse, wenn ich dir den Stein auf diesem Wege zurückgebe. Die

Motivation zu helfen, die dahinterstand, nehme ich sehr dankbar an. ...

* ... Es wird sicher kaum jemand ermessen können, wie schlimm es für euch sein muss, eure Anne dort liegen zu sehen. Auch wenn alle Worte in dieser Situation zu banal sind, um euch zu erreichen, so sollt ihr doch wissen, dass ich ganz fest an Anne und euch denke und euch in mein Gebet einschließe. ...

* ... Ich wünsche deiner Tochter viel Kraft und Mut für die nächsten Monate – den Glauben habt ihr ja, denke ich. ... Du weißt ja, dass wir alle dir selbstverständlich den Rücken freihalten. Du solltest nur noch an Anne, deine Familie und dich denken. Ich kümmere mich um deine Klasse. ...

* ... Ich wollte mich nur kurz bei dir melden und euch alles Gute wünschen. Ich habe die Karte am Bett stehen, die du mir geschenkt hast, als mein Enkel im Krankenhaus war. Ich schaue sie täglich an: Geborgen in Gottes Hand. Das wünsche ich euch. ...

* ... Mir fehlen die Worte – ich würde euch so gerne etwas Tröstliches sagen. Fühl dich bitte einfach gedrückt. ... Mach dir bitte auch weiter keinerlei Gedanken um die

Schule. Du fehlst uns als wertvoller Mensch und Kollegin natürlich sehr, aber alles andere kann geregelt werden. ...

* ... Sie brauchen nun Ihre ganze Kraft für Anne. Ihre Mail hat uns alle sehr betroffen gemacht und es hatte jeder sehr viel Herzschmerz bei Ihren Schilderungen. Dennoch ist es gut zu wissen, dass Sie in der Lage sind, uns Mitteilungen über Anne zu machen, denn wir alle fühlen uns Ihnen sehr nahe. (In der letzten Woche bin ich mehrmals nachts wach geworden, weil ich in meinen Träumen bei Anne war.) Wir alle wünschen Ihnen beiden, dass der Glaube und die Hoffnung Sie weiter stark sein lassen, und werden Gott bitten, Anne auf ihrem jetzigen Weg zu begleiten und zu beschützen. Wir denken an Sie und besonders an Ihre Tochter. ...

* ... Für uns als Kollegium steht es außer Frage, dass du als unsere ans Herz gewachsene Kollegin jetzt ganz bei Anne bist. Sie braucht dich! Es ist für uns ganz selbstverständlich, dass wir dich dadurch stützen, dass wir für dich einspringen. ...

* ... Wir haben nun Ihre Klasse auf unsere beiden Klassen aufgeteilt. Es ist schon ein wenig eng, aber die Kinder sind sehr lieb. ... Sie sind natürlich traurig, dass Sie nicht da sind, aber Kinder und Eltern sind wirklich toll und zeigen Anteilnahme und Verständnis. ...

* ... Ich habe größten Respekt davor, wie ihr mit dieser schwierigen Situation umgeht. ... Ich finde es sehr gut, dass du in dieser Zeit ganz klar sagst, dass du froh bist, nicht in die Schule gehen zu müssen, und ganz für Anne und deine Familie da bist. ... Wie gesagt, es läuft in der Schule, auch wenn du als Mensch sehr fehlst. ...

* ... Anne ist eine Kämpferin und wird von sich aus sicherlich alles erreichen, was ihr mit dieser Krankheit möglich ist. ...

Mittwoch, 2. September 2009

Annes Reaktionen wurden bewusster und adäquater. An diesem Mittwoch stellte ich fest, dass sie noch lesen konnte! Ich schrieb ein paar einfache Anweisungen auf und sie befolgte sie.

Rundmail

... Nun sitzen wir schon seit zweieinhalb Wochen täglich zehn Stunden an Annes Bett auf der Intensivstation. Sie ist zwar körperlich noch sehr hilflos und kann auch noch nicht sprechen, aber sie versteht (vermutlich) alles, erkennt uns, reagiert und isst/trinkt gut (mit Hilfe natürlich) und kann lesen! In der vierten und fünften OP wurde ein internes Drainagesystem (Shunt) in ihren Kopf eingesetzt, das das Gehirnwasser, das sich immer wieder gestaut hatte, in den Bauchraum ableitet. Seit vier Tagen sehen wir nun eine gewisse Erholung bei ihr. Wenn das nächste MRT gut aussieht, soll sie bald nach Krefeld zurückverlegt werden, damit die dringend notwendige Chemotherapie anfangen kann.

Dieser aggressive, schnell wachsende Tumor, von dem auch nicht alle Reste entfernt werden konnten, bräuchte eigentlich gleichzeitig Bestrahlung, aber dabei würden die Bereiche des Gehirns, die jetzt durch die OPs ohnehin so gereizt sind, geschädigt. Wir dürfen nicht daran denken, wie Anne vor drei Wochen noch war, und auch nicht daran, was in Zukunft werden wird. Wir sind einfach dankbar für jeden kleinen Fortschritt, den wir sehen, und vertrauen Gott, dass er uns allen auch weiterhin Kraft geben wird. Wir möchten auch immer wieder unserer Familie, unserer Gemeinde, Freunden, Nachbarn und Bekannten für alle Hilfe und Hilfsangebote danken. Besonders dankbar sind wir auch unseren beiden Arbeitgebern und allen Kollegen, dass wir hier zurzeit zu zweit sein können. ...

Freitag, 4. September 2009

Erstaunt stellte ich fest, dass Anne auch englische Anweisungen verstand und befolgte.

Am Nachmittag bekam sie einen Krampfanfall in der Art, dass sie sehr unruhige, heftige Bewegungen zeigte und dabei oft lachte. Diese Lachphasen kamen in den nächsten Wochen öfter vor. Sie werden „gelastische Epilepsie" genannt.

Die Ärztin meinte, dass Anne bisher noch nicht sprechen könnte, sei von der OP her nicht zu erklären, da das Sprachzentrum gar nicht berührt worden sei. Es könnte sogar psychisch bedingt sein.

Montag, 7. September 2009

In einem Gespräch mit Frau Dr. Messing-Jünger erwähnte ich den Vorschlag, möglichst bald einen Hospizplatz zu suchen, aber das fand sie zu diesem Zeitpunkt völlig unangebracht. Es mache Sinn, alle medizinischen Möglichkeiten auszuschöpfen.

Als wir nach dem Gespräch zu Anne zurückkamen, war sie sehr ängstlich und verstört. Ich blieb bei ihr und versuchte, ihr so viel wie möglich zu erklären.

Nachdem Nihal ihr noch ein Eis geholt hatte (sie konnte die ganze Zeit über sehr gut essen und trinken), wurde sie ruhiger.

Mittwoch, 9. September 2009

Die Fäden waren am Tag zuvor gezogen worden und nun wurde der Rücktransport nach Krefeld vorbereitet.

Am Morgen hatte sie noch einen dieser Lachanfälle.

Anne wirkte besorgt und ängstlich. Eine der Krankenschwestern, die offensichtlich auch gläubig war, betete noch mit uns.

Ich sollte mit dem Krankentransport mitfahren, Manni war gekommen und hatte Dennis mitgebracht, der Nihal in unserem Auto nach Krefeld fahren sollte.

Während der Fahrt nach Krefeld hatte der Krankentransportwagen eine Reifenpanne. So mussten wir auf der Autobahn in einen neuen Krankentransport umsteigen. Ich machte Witzchen darüber und sagte zu Anne: „Der Reifen ist auf deiner Seite geplatzt. Das muss an dir gelegen haben." Daraufhin zeigte sie mir den Mittelfinger!

Mittags kamen wir in der Krefelder Kinderklinik an und wurden wieder in der K5 einquartiert. Die Umstellung fiel mir sehr schwer. In St. Augustin hatten die Schwestern alles gemacht, und ich durfte noch nicht einmal auf einen Knopf drücken, wenn die Geräte piepsten. Hier wurde mir als Erstes gesagt, dass wir darauf hinarbeiten sollten, dass Anne möglichst bald nach Hause käme. Das versetzte mich beinahe in Panik, denn ich konnte mir überhaupt nicht vorstellen, Anne so nach Hause zu nehmen!

Schon am nächsten Tag kam die Logopädin, aber Anne war genervt und frustriert und schlug nur das Buch zu, das ihr gezeigt wurde. Sie wirkte sehr traurig und drehte sich fast nur zur anderen Seite. Zeitweise weinte sie, auch nachts.

Anne bekam in einer weiteren OP einen Port gelegt; ein Mann aus unserer Gemeinde, der in dieser Klinik arbeitet, assistierte bei der OP. Das war sehr beruhigend für Anne und für uns. Alles ging reibungslos. Anne wurde langsam fröhlicher, konnte sogar zeitweise sitzen.

Manchmal musste sie sich allerdings übergeben (Kortison zu früh abgesetzt? Hirndruck?). In einem Gespräch mit einer Ärztin hörten wir, dass sie noch nie erlebt hätte, dass ein *Glioblastom*-Kind nach der Diagnose länger als zwei Jahre gelebt hätte.

Mail an Roman Siewert
(damaliger Präses unseres Gemeindebundes)

... Herzlichen Dank für die ermutigende Karte von der Präsidiumssitzung. Anne ist jetzt wieder in der Krefelder Kinderklinik (nach dreieinhalb Wochen St. Augustin) und bekommt heute einen Port einoperiert (sechste Vollnarkose in vier Wochen), damit die Chemotherapie bald starten kann. Wir fühlen uns getragen von Gott und von den vielen Gebeten aller Geschwister. Aber es ist manchmal sehr, sehr schwer, Anne so zu sehen. ...

40

Am Abend waren wir allein im Zimmer auf der K5 und Anne war wieder einmal sehr traurig. Wir weinten lange gemeinsam, und ich konnte etwa Folgendes sagen: „Gott zeigt uns nie den ganzen Weg im Voraus, aber er gibt uns jeden Tag neue Kraft."

Annes Englischlehrerin wollte sie im Krankenhaus besuchen, aber Anne reagierte nicht, sondern drehte sich auf die andere Seite. So konnte sie nur den Blumenstrauß hinstellen und wieder gehen. Später telefonierte ich mit der Lehrerin und hörte, dass sie viel Verständnis für diese Reaktion hatte.

Rundmail

... Seit Anne nach Krefeld zurückverlegt wurde, habe ich nicht mehr so viel Zeit, E-Mails zu schreiben, da ich nebenbei wieder Haushalt und Familie habe.

Daniel war die dreieinhalb Wochen über bei Mona und Thorsten (und Thorstens Vater) und ist von den dreien bestens versorgt worden. Anne wird in der Krefelder Kinderklinik auch gut versorgt, aber ist immer noch bettlägerig und pflegebedürftig, obwohl wir jeden Tag winzige Fortschritte sehen. Sie beginnt wieder, Wörter im Flüsterton zu formulieren, die unbewussten Bewegungen sind fast völlig verschwunden und die bewussten werden immer koordinierter.

Gleichzeitig werden ihr aber auch die Schwere ihrer Erkrankung und ihre Veränderung immer deutlicher, was für sie seelisch sehr schwer zu verarbeiten ist. Dass sie den schlimmsten aller Gehirntumore hat mit einer sehr schlechten Prognose, weiß sie noch nicht, denn wir können ja noch gar nicht richtig mit ihr reden.

Gestern hat die Chemotherapie angefangen; die Bestrahlung kommt wohl erst in vier Wochen, weil die OP-Stelle das jetzt noch nicht verkraften würde. Wir leben in einer sehr großen Anspannung. Einerseits freuen wir uns immer, wenn wir Anne sehen, weil sie alle erkennt und sich stets freut und weil sie täglich kleine Fortschritte macht, andererseits wissen wir um die schlechte Prognose und müssen uns damit auseinandersetzen. Und dann gibt es noch die dritte Dimension, dass unzählige Menschen mit uns für ein Wunder beten. ...

Wir sind unwahrscheinlich dankbar für unsere Familie, die total zusammenhält, unsere Gemeinde, die uns geistlich unterstützt, unsere Nachbarn, die ständig für uns kochen, unsere Arbeitskollegen, die Verständnis für unsere Situation haben und, und, und ...

Anne wurde vom Krefelder Kinderkrankenhaus in die Osterather Therapieklinik verlegt, weil die neurologische Frühreha bewilligt worden war. Anne hatte offensichtlich Angst vor dieser neuen Phase. Als sie sich von ihren beiden Zimmerkameradinnen verabschiedete, weinte sie. In Osterath wurden wir aber sehr nett aufgenommen und sie fühlte sich dort von Anfang an wohl.

Im ersten Gespräch mit dem zuständigen Arzt in der Reha-Klinik wurden wir gefragt, welche Ergebnisse wir uns denn von dieser Reha erhofften. Ganz spontan antwortete ich: „Dass sie wieder sprechen kann!" Denn darunter, dass Anne ihre Befindlichkeit und ihre Wünsche nicht ausdrücken und ich sie oft auch nicht erraten konnte, litt ich am meisten. Natürlich wünschte ich mir auch, dass sie wieder laufen könnte, aber das wagte ich kaum zu glauben, geschweige denn auszusprechen.

Freitag, 25. September 2009

Mail an eine Nachbarin

... Herzlichen Dank für deine liebe Mail. Es ist tatsächlich so, dass ich mich in den wenigen Stunden, die ich zu Hause bin, schlecht ans Telefon setzen kann, aber Mails sind eine gute Sache. Die tun mir gut, und ich kann sie beantworten, wenn ich Zeit habe. Anne kann übrigens inzwischen auch SMS allein von ihrem Handy abrufen und lesen; beantworten wahrscheinlich eher noch nicht. Sie befindet sich nun in der Therapieklinik in Osterath, um eine neurologische Frühreha mitzumachen, bevor der harte siebenwöchige Chemo- und Bestrahlungsblock kommt.

Vielen Dank auch für die interessanten Artikel. Die Möglichkeit der Hyperthermie[2] und der Bestrahlung mit Hilfe von Nanoteilchen usw. haben wir auch schon mit den Ärzten besprochen. Aber leider hat Anne ein *Glioblastom Grad IV,* den schlimmsten, aggressivsten und schnellstwachsenden Hirntumor überhaupt, für den es aus medizinischer Sicht leider keine dauerhaften Chancen gibt. Wir nehmen an einer deutschlandweiten Studie diesbezüglich teil und unsere Ärzte tauschen sich regelmäßig und vor jedem Schritt mit vielen anderen über die optimalen Therapieformen aus. Wir leben zurzeit in großer Anspannung.

Vielen Dank für dein Hilfsangebot. Wir werden gern spontan darauf zurückkommen, wenn es irgendwo hakt. Unsere Familie, Nachbarn und die Gemeinde sind auch schon sehr aktiv diesbezüglich. Auch in Bezug auf Besuche werde ich Anne fragen, sobald es geht. ...

---

[2] Durch die künstliche Überwärmung des Körpers, Hyperthermie genannt, kann im Einzelfall eine bislang unwirksame Chemo- oder Strahlentherapie unterstützt bzw. erst zur Wirksamkeit gebracht werden.

Es war ein wunderschöner Tag. Nihal und ich konnten am Nachmittag mit Anne lange spazieren gehen (Anne saß im Rollstuhl) und sie war recht guter Dinge. Leider bekam sie gegen Abend wieder einen Krampf (auffällige motorische Unruhe), sodass sie wieder in die Krefelder Kinderklinik zurückverlegt wurde. Am nächsten Tag kamen noch Lachkrämpfe hinzu. Nachdem am übernächsten Tag die Dosis der Medikamente etwas erhöht wurde, ließen sie nach.

Eine Ärztin erklärte mir, dass der Tumor das gesunde Gewebe wohl längst unsichtbar infiltriert habe und dass Anne schätzungsweise noch ein halbes Jahr zu leben hätte. Dienstagmittag durfte Anne wieder zurück nach Osterath, wo sie von ihrer Zimmernachbarin freudig begrüßt wurde. Am Abend war Anne jedoch wieder nicht so gut drauf. Sie war traurig und reagierte aggressiv, als sie die Tabletten nehmen sollte, schubste Papa weg, weinte aber auch mit ihm zusammen, schmiss die Tabletten auf den Boden und kratzte die Schwester. „Alles ist aus!", rief sie. „Ich will nicht, dass ihr seht, wie wir leiden! Ich will dahin, wo ich mich wohler fühle! Es ist alles vorbei!" Sie schickte sogar Mona fort. Auch am nächsten Tag war sie noch apathisch und traurig, weinte sogar, wenn sie Noah, Monas kleinen Sohn, sah.

Rundmail

... Es wird Zeit, mal wieder über die neuesten Entwicklungen zu berichten. Vorigen Donnerstag ist Anne in die neurologische Frühreha nach Osterath verlegt worden, wo sie sehr gut therapiert wird. Sie konnte schon am zweiten Tag im Rollstuhl herumgefahren werden, wird angeleitet, selbstständig zu essen und sich zu waschen. Am vierten Tag ist sie schon auf wackeligen Beinen ein paar Schritte allein gelaufen! Leider hat sie dann am gleichen Abend wieder einen schweren Krampf bekommen (eine der vielfältigen Formen von Epilepsie) und musste zurück in die Kinderklinik nach Krefeld. Nach EEG, CT und weiteren Medikamenten wurde sie gestern wieder zurück in die Therapieklinik verlegt, worüber sie sich sehr gefreut hat.

Die nächsten eineinhalb Wochen sollen in dieser Weise noch möglichst gut genutzt werden, bevor die sieben (!) Wochen Chemo und Bestrahlung anfangen. Leider wurde in den letzten Wochen wieder deutlicher, dass sich ihr Bewusstsein zusehends verändert: Die Wachphasen werden kürzer, die Träumphasen, verbunden mit minimalen oder auch deutlichen Krämpfen werden länger, was für diesen Tumor typisch ist. Neuerdings treten auch Anzeichen für Aggressivität auf, was leider auch zu diesem Krankheitsbild gehört. Das ist für unsere Familie und alle Besucher besonders schwer zu ertragen.

Nach einem offenen Gespräch mit der Ärztin weiß ich, dass sie mit der Zeit immer mehr ins Unbewusste abgleiten wird und wahrscheinlich noch höchstens ein halbes Jahr zu leben hat. Dieses *Glioblastom Grad IV* ist so aggressiv und schnell wachsend, dass die winzigen unsichtbaren Krebszellen längst das gesunde Gewebe durchwandert haben, bevor man überhaupt von der Krankheit weiß. Wir sind alle aufs Höchste angespannt, denn alles scheint sich täglich zu ändern.

Es ist so schwer, Anne, die vor acht Wochen noch ganz anders war, so zu sehen. ...

Samstag, 2. Oktober 2009

Es ergab sich eine gute Gelegenheit, mit Anne zu sprechen, als ich mit ihr allein war. Sie weinte und rief nach mir. Schon am Abend vorher hatte sie eine sehr depressive Phase, in der sie immer wieder sagte: „Es ist alles vorbei!"

Ich erwiderte: „Anne, das Beste kommt noch. Wir müssen jetzt in die richtige Richtung schauen."

Als ich sie fragte, ob sie Angst habe, dass sie nicht mehr gesund wird, nickte sie, und ich wagte weiterzusprechen: „Es kann wirklich sein, dass du nicht mehr gesund wirst und die Ärzte nicht mehr viel für dich tun können. Aber wir wollen dir alle helfen, dass es dir besser geht. Dazu ist es aber wichtig, dass du deine Tabletten immer nimmst.

Du darfst ruhig weinen, ich darf auch weinen, und du musst kein schlechtes Gewissen haben, wenn ich weine. Ich möchte dich so gerne behalten. Ich weiß nicht, was Gott sich jetzt bei dieser Krankheit denkt. Gut, dass wir uns bei Jesus alle wiedersehen. Gut, dass Jesus alles für uns getan hat, dass wir bei ihm zusammen sein dürfen. Eigentlich ist es nicht wichtig, ob ein Leben kurz oder lang ist, wichtig ist nur, dass man sich für Jesus entschieden hat.

Ich habe dich so lieb; ich würde dich niemandem geben, nur Jesus. Ich bin so stolz auf dich, nicht nur wegen deiner guten Noten, sondern darauf, wie du bist. Ich bin Gott so dankbar, dass er dich mir geschenkt hat."

Ich versuchte ihr noch zu erklären, dass unser Übergang vom irdischen Leben zur Ewigkeit vergleichbar ist mit einer Geburt. Das ungeborene Kind hat auch keine Ahnung vom wirklichen Leben in unserer Welt.

Ich hatte die ganze Zeit den Eindruck, dass sie mich sehr gut verstand (sie nickte ständig) und dass alles ganz tief in ihrem Inneren ankam. Danach war sie müde und schlief sichtlich erleichtert ein. Es kann sein, dass sie heute nichts mehr davon weiß wegen ihres eingeschränkten Kurzzeitgedächtnisses, aber es hat uns beide sehr erleichtert und einiges ist bestimmt in ihrer Seele hängen geblieben.

Nun war also diese Hürde, vor der ich solche Angst gehabt hatte, auch genommen.

Danach war Anne wieder ruhiger, aber sehr, sehr schwach.

Anne weinte wieder. „Bist du traurig, weil du nicht zur Schule gehen kannst?", fragte ich sie. „Ich weiß, dass du das immer so gerne gemacht hast. Ich würde alles tun, um das zu ändern, wenn ich könnte. Das müssen wir jetzt zusammen aushalten. Weinst du wegen der Schule oder wegen der Krankheit?"

„Wegen der Krankheit."

„Das ist ein riesiger Berg für uns, den wir zusammen bewältigen. Wir haben auf so vieles keine Antwort. Aber eines Tages werden wir auf alles eine Antwort haben. (Sie nickte.) Gott kann dich heilen, aber auch wenn er es nicht tut, ist er doch unser Gott. (Sie nickte wieder.) Hast du Angst? (Nein.) Ich weiß nicht, warum Gott dir und mir das alles zutraut, aber er traut es uns zu und gibt uns täglich neue Kraft."

Nach ein paar Tagen legte sich dieses Stimmungstief und sie hatte eigentlich nie wieder solch eine Phase.

Mail an einen Bekannten

... Es war tatsächlich so, dass Anne in der Woche sehr viele neue Besucher hatte, weil wir – und sie selbst wahrscheinlich – gedacht hatten, es ginge jetzt wieder. Ich werde euch auf jeden Fall diesbezüglich im Blick behalten und Anne immer wieder fragen.

Als Nächstes laufen jetzt viele Voruntersuchungen für die lange Chemo- und Bestrahlungszeit, die am Dienstag beginnen soll.

Ihre Tagesform ist tatsächlich sehr unterschiedlich und überhaupt nicht vorhersagbar, sodass wir immer nur sehr kurzfristig planen können. Heute zum Beispiel habe ich mit Schrecken beobachtet, wie schlecht ihr Gedächtnis geworden ist. Teilweise vergaß sie, den nächsten Löffel zum Mund zu führen, und musste immer wieder daran erinnert werden weiterzuessen. Beim Trinken ist es genauso. In der Musiktherapie (fand sie ganz toll) vergaß sie immer wieder die Vier-Ton-Reihe, die sie auf dem Klavier nachspielen sollte, oder auf dem Schlagzeug vergaß sie, den nächsten Takt zu spielen. Kurz vor einem Arztbesuch im Klinikum fragte Anne mich (vielleicht hatte sie Sorge, dass der Arzt sie das fragen würde): „Wie heiße ich? ... Und mit Nachnamen?"

Es hat sich in den letzten neun Wochen so wahnsinnig viel verändert! ...

Donnerstag, 8. Oktober 2009

Mail von einer Kollegin

... Morgen ist der letzte Schultag vor den Herbstferien. Das waren acht Wochen – für uns wie immer ... du kennst das ja. Wir waren ganz oft in Gedanken bei euch – bei dir und vor allem bei Anne. Sei dir bitte ganz, ganz sicher, dass wir alle hundertprozentig hinter dir stehen und niemals auch nur eine Andeutung oder der Anflug eines Misstons aufkam. Das wird dir jetzt sicherlich ganz egal sein (soll es auch), ist aber vielleicht später mal wichtig. Wir wünschen euch allen die Kraft, die ihr braucht für die nächsten Wochen und Monate.

Ich habe ja – wenn auch mit etwas mehr Abstand – eine Vorstellung von dem, was ihr durchmacht. Der Tod meines Großneffen jährt sich ja bald. Ich weiß auch nichts Tröstliches zu sagen, bin nur froh, dass ihr in eurem Glauben so stark verankert seid und in eurer Gemeinde viel Rückhalt findet. Ich weiß, wie stark du bist, hoffe aber sehr, dass du, die du ja wahrscheinlich nicht nur für Anne, sondern auch für deinen Mann und Annes Geschwister da sein musst, um ihnen zu helfen, noch Kraft hast. Ich wünsche dir, dass du das alles aushalten kannst und weiterhin Kraft aus deinem Glauben und deiner Liebe ziehen kannst. Hoffentlich muss Anne nicht auch noch unter der Chemo leiden. Sei ganz herzlich gedrückt. ...

Meine Antwort

... Über deine Mail habe ich mich sehr gefreut. Ich denke wirklich trotz allem viel an euch und an die unmögliche Situation, 33 Kinder in der Klasse zu haben. Dass ihr alle diese Situation ohne „Misston" mittragt, ist mir nicht egal, sondern ich bin sehr dankbar dafür. In diesen Tagen werden gerade sehr aufschlussreiche MRTs gefahren, deren Ergebnisse wir noch nicht kennen. Anne geht es dank der guten Therapie in der Osterather Reha recht gut. ...

Brief an eine befreundete Familie

...Danke für eure lange Mail. Ich will versuchen, eure Fragen zu beantworten. Da es Nihal recht schwerfällt, Texte zu schreiben, ist es sicher besser, wenn er euch seine Befindlichkeit telefonisch mitteilt. Im Wesentlichen sind wir uns aber völlig einig. Schon in den ersten Wochen, kurz nach den OPs, haben wir Anne völlig an Gott abgegeben, das heißt, dass wir zwar weiterhin vertrauensvoll für eine völlige Wiederherstellung beten, aber auch bereit sind, sie loszulassen, wenn Gott es so will.

Die Bibelstelle über die drei Männer im Feuerofen hat uns beide sehr angesprochen: „Wir wissen, dass Gott uns vor dem Feuer bewahren kann, aber wenn er es nicht tut, ist er dennoch unser Gott und wir werden keinem anderen dienen."[3] Das drückt am besten unsere momentane Haltung aus. Wir empfinden beide keine Rebellion gegen Gott, aber für einen „Glaubensstress", der nur die Heilung und nichts anderes im Blick hat, haben wir auch keine Kraft. Das ist unserer Meinung nach auch nicht das, was die Bibel mit „Vertrauen auf Gott" meint (Hebräer 11).

Dennis, Mona und Daniel geht es mehr oder weniger ähnlich. Alle wissen, dass Annes Weg aus medizinischer Sicht begrenzt ist, aber auch, dass unzählige Leute in Deutschland, Sri Lanka und anderswo für sie beten und dass Gott das letzte Wort spricht.

---

[3] Daniel 3,17

Auch mit Anne konnten wir schon in dieser Hinsicht sprechen. Sie kann sich noch nicht so differenziert ausdrücken, aber wir empfinden, dass sie es so ähnlich sieht, denn das würde auch ihrer Haltung entsprechen, die sie in den Jahren vorher gezeigt hat. Nihal wurde von seinem Arbeitgeber freigestellt (er wäre sowieso im Februar 2010 in den Vorruhestand gegangen), und ich bin zurzeit noch krankgeschrieben; meine Situation wird im Schulamt noch geklärt. Beide Arbeitgeber sind sehr verständnisvoll und über alles informiert.

Annes Zustand hat sich wieder verbessert, die Reha tut ihr sehr gut. Sie wird jetzt wieder „wacher", kann sprechen und wird körperlich sichtlich mobiler. Leider haben gestern Chemotherapie und Bestrahlung angefangen und damit auch die Übelkeit, das Erbrechen usw. Wenn weiterhin die Nahrung so schlecht drinbleibt, wird Anne vermutlich wieder ins Krankenhaus an den Tropf müssen. Es gilt weiterhin: Wir dürfen nicht zurückschauen, wie Anne früher einmal war; in die Zukunft schauen hilft auch nicht, sondern wir leben von Gottes Kraft, die jeden Tag neu und ausreichend da ist. ...

Freitag, 16. Oktober 2009

Rundmail

... Die vergangenen zweieinhalb Wochen waren wirklich eine Art Erholung für uns alle. Anne fühlt sich in der Osterather Therapieklinik sehr wohl und hat schon deutliche

Fortschritte gemacht. Sie kann sitzen, mit etwas Hilfe laufen (auch Treppen steigen) und die Feinmotorik kommt auch wieder. Vor allem kann sie wieder sprechen! Sie reagiert nicht nur auf Ansprache, sondern stellt auch von sich aus Fragen und äußert spontane Gedanken. Auf diese Weise kann sie wieder an unserem Alltag teilnehmen. Verwirrte Äußerungen macht sie nur, wenn sie ganz müde ist. Ihr Kurzzeitgedächtnis ist nach wie vor ganz schlecht. Am Abend weiß sie meist nicht mehr, wer am Tag zu Besuch da war, und die gesamte OP- und Krankenhauszeit liegt noch wie im Nebel.

Inzwischen sehe ich das als großen Segen und Schutz für ihre Seele an, denn sonst würde sie an der gewaltigen Last der gravierenden Veränderungen (auch was ihre mentale Leistungsfähigkeit betrifft) vielleicht zerbrechen. Die MRTs haben bisher kein neues Wachstum des Tumors gezeigt, auch im Nervenwasser war keine Streuung zu finden. Die bei der OP stehen gebliebenen Tumorreste sollen nun durch Chemotherapie und Bestrahlung bekämpft werden. Die ersten vier Tage dieser Doppelbehandlung hat Anne vom Wohlbefinden und vom Blutbild her einigermaßen gut vertragen. Allerdings liegen noch mehr als sechs Wochen in dieser Art vor ihr. Wenn keine Komplikationen auftreten, kann sie Chemo und Bestrahlung weiterhin ambulant erhalten und ihre Reha in Osterath fortsetzen. Wir bedanken uns sehr für alle Gebete, alle Äußerungen des Mitempfindens und alle praktische Hilfe. ...

Morgens hatte Anne mal wieder einen Lachkrampf, aber gegen Abend hatten wir den Eindruck, dass ihr Bewusstsein einen deutlichen Sprung gemacht hatte. Zu Mona, die sie gerade besuchte, sagte sie: „Ich bin sehr krank!" Sie rief mich von Monas Handy aus an, weinte und fragte flehentlich: „Kommst du vorbei?" Das hatte ich sowieso vorgehabt und war kurz darauf bei ihr.

Sie fing an, viele sinnvolle Fragen zu stellen: „Was habe ich eigentlich?" – „Wie viele Operationen hatte ich?" – „Und bei den Nachuntersuchungen? War da alles in Ordnung?" – „Wie lange bin ich schon hier?" – „Und was ist mit der Schule?" – „Wo ist eigentlich mein Tagebuch?" – „Wieso ist der Paddy[4] nicht hier?" – „Gibt es etwas Neues in unserer Straße? In unserer Gemeinde?" – „Ich habe gar keine Erinnerungen! An Bonn kann ich mich überhaupt nicht erinnern." – „Wie seid ihr damals immer nach Bonn gekommen?" – „Wollte ich damals nicht sprechen oder konnte ich nicht?"

Nach kurzer Zeit war sie wieder ganz ruhig und zufrieden.

---

[4] Annes Teddy

Brief von Frau Dr. Bargfeld
(Annes Philosophielehrerin)

... Ich möchte mich noch einmal herzlich bedanken, dass Sie mir einen Besuch bei Anne gestattet haben. Auch wenn ich nicht sicher bin, dass der Besuch für Anne angenehm war, so habe ich mich aber wirklich sehr gefreut, sie zu sehen. Ich würde gerne bei Gelegenheit wiederkommen. ...

Ich bewundere Sie zutiefst für Ihre Stärke und Ihren Glauben, der Sie das durchstehen lässt. Wenn ich Sie in irgendeiner Form ein bisschen entlasten kann, würde ich das sehr gerne tun. ...

Anbei schicke ich Ihnen Annes Vortrag vom Philosophischen Abend. Es ist ihr erster Entwurf, den sie mir zur Korrektur gemailt hatte. Ihr endgültiger Vortrag war ausführlicher. Den habe ich aber leider nicht. Ich hoffe, Sie können sich ein bisschen an der Überzeugungskraft und Sicherheit, mit der Anne ihre Position vertritt, erfreuen. Ich war und bin jedenfalls immer wieder sehr beeindruckt. Darüber hinaus habe ich einen Brief an Anne geschrieben. Ich würde mich freuen, wenn Sie ihn lesen würden. Sollten Sie danach zu dem Schluss kommen, dass der Brief keine positive Wirkung auf Anne haben könnte, werfen Sie ihn ruhig weg. Wenn Sie ihn aber für hilfreich halten, wäre es toll, wenn Sie ihn Anne bei einer passenden Gelegenheit geben oder vorlesen würden.

Ich danke Ihnen für Ihre Mühe. ...

... Ich habe mich sehr gefreut, dich besuchen zu können. Mir ist natürlich klar, dass du dich während meines Besuchs nicht immer wohlgefühlt hast. Ich kann dir aber versichern, dass ich vollstes Verständnis dafür habe und sehr gut nachvollziehen kann, wie schwer es für dich sein muss, Menschen, die du aus sehr viel positiveren und unbeschwerteren Zeiten kennst, heute zu treffen. Und da ich weiß, dass die jetzt folgende Therapie dir noch vieles abverlangen wird, möchte ich dir etwas sagen, was mir sehr wichtig ist.

Du bist für mich ein ganz besonderer Mensch. Seit wir uns vor gut einem Jahr zum ersten Mal in meinem Philosophiekurs begegnet sind, weiß ich das. Du wolltest eigentlich nach der ersten Stunde schon wieder gehen, weil du Angst hattest, dass ich deinen Glauben ins Wanken bringen könnte. Ich konnte dich glücklicherweise davon überzeugen, dass dies keinesfalls meine Absicht ist und die Philosophie eine Chance verdient. Und wie du mir am Ende des Schuljahres bestätigt hast, hast du deine Entscheidung, in meinem Kurs zu bleiben, nicht bereut. Ich bin überaus glücklich darüber.

Zum einen freut es mich, dass du deinen Glauben durch intensives Reflektieren sogar noch bekräftigen konntest. Viel wichtiger ist aber, dass du mit deinen Ansichten und Überzeugungen viele Mitschüler beeindrucken und inspirieren konntest. Viele stehen dem Glauben nun offener und positiver gegenüber. Dazu hast du mit deinem Vortrag und deinen Äußerungen im Unterricht wesentlich beigetragen.

Ich habe den Unterricht mit dir immer genossen, weil du zu den Menschen gehörst, die nicht einfach reden, nur damit sie sich geäußert haben. Du hast immer sehr genau nachgedacht und auch zugegeben, wenn du dir einfach mal unsicher warst. Deine ehrliche und liebenswerte Art, die Dinge der Welt zu sehen, hat unseren Kurs so oft weitergebracht oder auch für gute Stimmung gesorgt. Denn gelacht haben wir auch viel. Und das ist nicht nur so dahergesagt.

Jetzt ist aber alles anders, das wissen wir beide, und es wäre unehrlich, wenn ich das wegreden wollte. Ich möchte dich aber daran erinnern, welche Charakterstärke, welches tiefe Bewusstsein und welche Lebensenergie in dir stecken. Wir haben sie alle kennengelernt. Und ich bitte dich, sie auch jetzt zu gebrauchen. Du kannst mit deiner Kraft so vieles erreichen. Gib dein Bestes – so wie immer! Es gibt wirklich nur wenige Menschen, die deine Grundvoraussetzungen haben. Nutze sie!

Wir werden dich alle so gut wie möglich unterstützen. Du bist nicht allein. Du hast eine wunderbare Familie, die dich über alles liebt, echte Freunde, die sich ehrlich um dich sorgen und alles für dich tun würden, und einen Glauben, der tiefer nicht sein könnte. ... Nicht alles liegt in deiner Hand, aber das, was in deiner Hand liegt, solltest du dir nicht nehmen lassen. Ich wünsche dir all die Kraft, die du brauchst, um das Folgende durchzustehen. Ich bin in Gedanken jeden Tag bei dir. Und wenn du mich brauchst, bin ich da. Bis wir uns wiedersehen, drücke ich dich ganz fest! ...

... Ganz herzlichen Dank für die Zusendung von Annes Vortrag und Ihre beiden lieben Briefe. ... Annes Vortrag jetzt schriftlich zu haben und immer wieder lesen zu können bedeutet mir sehr viel.

Anne hat sich damals sehr über Ihren Besuch gefreut und die damit verbundene Erinnerung an die Schule hat sie zu dem Zeitpunkt nicht zu sehr belastet. Das ist allerdings tagesformabhängig und kann an einem anderen Tag wieder ganz anders sein. In den vergangenen zwei Wochen war sie emotional recht stabil; seit gestern ist sie wieder eher nachdenklich, etwas traurig und fragt schon mehr („Wie lange bin ich schon krank?"– „Wie waren die Ergebnisse der Nachuntersuchungen?" – „Und was ist mit der Schule?"). Es ist immer wieder eine große Herausforderung für mich, diese Fragen so ehrlich wie möglich und gleichzeitig so zu beantworten, dass sie es zum Zeitpunkt der Fragestellung verkraften kann.

Ich habe in den letzten Wochen schon zweimal mit ihr über die Schwere ihrer Krankheit sprechen können und dabei auch gesagt, dass es aus medizinischer Sicht nicht gut aussieht. Beide Male haben wir lange gemeinsam geweint. Obwohl ich sicher bin, dass sie mich in diesen Momenten verstanden hat, fürchte ich, dass sie es wieder vergessen hat, wie fast alles, was sie zurzeit erlebt. Also denke ich, dass ich noch viele solcher schweren Gespräche haben werde.

Ich bin sicher, dass die Kraft dazu nicht unserer Charakterstärke entspringt, sondern unserer persönlichen Beziehung zu Gott. Wir erleben buchstäblich, dass Gott uns jeden Tag die Kraft gibt, die wir brauchen. Wenn wir anfangen zurückzudenken, wie Anne früher war, oder vorausdenken, was alles noch auf uns zukommen kann, sind wir schnell überfordert. Wir können diese Zeit nur aus der Perspektive der Ewigkeit ertragen in der ganz konkreten Hoffnung, dass Menschen, die durch Jesus Christus mit Gott versöhnt sind und dies ganz bewusst für sich persönlich angenommen haben, sich nie zum letzten Mal sehen. Außerdem wissen wir aus Erfahrung, dass es auch ganz erstaunliche Heilungen gibt, auf die wir natürlich auch hoffen. Mein Mann hat dies alles schon einmal erlebt, als seine erste Frau an Krebs starb, und könnte bestätigen, wie Gott ihm damals geholfen hat.

Ihr Brief an Anne hat mich ebenfalls sehr tief berührt und ich habe ihn mir gleich kopiert, um ihn als wertvolle Erinnerung aufheben zu können. Anne hat ihn schon zweimal gelesen. Beim ersten Mal reichte ihre Konzentrationsfähigkeit zum Selbstlesen nicht aus, sodass sie mich bat, ihn vorzulesen. Am nächsten Tag hat sie ihn dann doch noch einmal selbst gelesen. Beide Male war sie sehr bewegt und erfreut. Vielen lieben Dank für Ihre einfühlsamen Worte!

Ich habe Anne auch gefragt, ob sie sich wieder mal Besuch von Ihnen wünscht, und sie hat es sofort bejaht. ...

Ich lege diesem Brief noch eine kleine Karte mit dem Foto von Anne und zwei Bibelzitaten bei. Diese Karte hat eine Frau aus unserer Gemeinde entworfen, die mit Anne zusammen die Pfadfindergruppe der kleinen Mädchen geleitet hat. Diese Karte wurde an alle Pfadfinder unseres Stammes als Gebetserinnerung verteilt. ...

... Ganz herzlichen Dank für Ihren sehr persönlichen Brief. Ich habe mich sehr darüber gefreut und ich weiß Ihre Offenheit sehr zu schätzen. Schade, dass wir uns erst durch Annes Krankheit näher kennenlernen. Unter anderen Bedingungen hätte ich mich noch mehr über Ihre Bekanntschaft freuen können. Ich danke Ihnen sehr, dass Sie mich in die Verteilerliste aufnehmen wollen. Es bedeutet mir wirklich viel. ...

Annes Bild mit dem Bibelzitat steht übrigens jetzt auf meinem Schreibtisch. Ein ganz großes Dankeschön dafür! ...

Montag, 26. Oktober 2009

Als Nihal und ich Anne am Sonntag besuchten, begrüßte sie uns mit den Worten: „Ich bin noch nicht tot!"

In der folgenden Nacht hatte sie noch zwei heftige Lachanfälle, aber das waren die letzten. Von da an trat die gelastische Epilepsie nicht wieder auf. Heute war Monas Geburtstag.

Als Mona abends zu ihr kam, dachte Anne ganz von selbst daran, ihr zu gratulieren! Am nächsten Tag sagte sie wieder unvermittelt: „Ich weiß nicht, warum ich gestorben bin (zweimal). An einer Krankheit?" Dann wieder: „Ich bin noch nicht tot."

Die Musiktherapeutin hatte mit allen Kindern ein Musical eingeübt und Anne sollte eine Strophe ganz alleine singen. Mona und ich hatten lange mit ihr geübt, denn das Lernen fiel Anne sehr schwer. Schließlich klappte alles sehr gut. Viel später stellte sich heraus, dass diese Strophe mitsamt der Melodie wirklich das Einzige war, was Anne von diesen neun Wochen Reha behalten hatte!

Mail an eine Freundin

... Wir hoffen und beten, dass Anne die nächsten fünf Wochen Chemo und Bestrahlung auch so gut durchhält wie die beiden ersten. ...

Leider hat sie überhaupt noch kein Kurzzeitgedächtnis. Sie weiß eine Stunde später schon nicht mehr, wer sie gerade besucht hat usw. Aber sie erkennt alle Leute, die sie von früher her kennt, kann lesen und schreiben (strengt sie aber noch zu sehr an) und kann auch noch ihre erlernten Fremdsprachen. ...

Mail an eine Kollegin

... Ganz herzlichen Dank für deine lieben Zeilen. Annes Zustand ist zurzeit recht stabil und wir atmen ein wenig auf nach den Turbulenzen der vergangenen Monate. ...

Ich denke oft an euch. Trotzdem weiß ich genau, dass ich im Moment am richtigen Platz bin, das ist gar keine Frage.

Auch wenn Schulamt, Krankenkasse usw. sehr betroffen und verständnisvoll reagieren, sind die Fakten doch knallhart: nach sechs Wochen Krankengeld und dann irgendwann Arbeitslosengeld, zusätzlich noch Pflegegeld. Zum Glück gibt es an der Krefelder Kinderklinik einen Förderverein für die Familien mit krebskranken Kindern, der in solchen Fällen sofort einspringen kann. Nächsten Sommer läuft mein Vertrag an der Schule sowieso aus, aber was bis dahin ist, weiß sowieso kein Mensch. ...

Rundmail

... Da wir drei Wochen nichts von uns haben hören lassen, wird es mal wieder Zeit, von Annes weiterer Entwicklung zu berichten.

Sie befindet sich nun seit sechs Wochen in der Rehaklinik in Osterath (abgesehen von kleinen „Ausflügen" in die Kinderklinik Krefeld am Anfang) und fühlt sich hier nach wie vor sehr wohl. Besonders freuen wir uns, dass die Reha noch einmal um drei Wochen verlängert wurde (bis zum 25.11.), denn sie macht täglich kleine Fortschritte.

Leute, die sie nur einmal pro Woche oder noch seltener sehen, merken das besonders. Sie kann jetzt recht sicher frei laufen, normal am Tisch fast ohne Hilfe essen und normal sprechen. Das Kurzzeitgedächtnis und die Orientierung in Raum und Zeit sind nach wie vor auffallend schlecht, aber auch hier gibt es hin und wieder Lichtblicke. Außerdem sehen wir das weiterhin als wichtigen Schutz für ihr seelisches Wohlbefinden an, denn wenn ihr das volle Ausmaß ihrer Krankheit dauerhaft bewusst wäre und damit verbunden das Wissen um die verpasste Schulzeit, würde sie darunter so leiden, dass es möglicherweise die weitere Behandlung erschweren würde.

Bis jetzt verträgt sie die tägliche Chemo- und Bestrahlungstherapie Gott sei Dank noch sehr gut, und das nun schon seit dem 13. Oktober. Wir wären sehr dankbar, wenn das auch weiterhin so bliebe. Sie hat nun fast die Hälfte dieses Sieben-Wochen-Blocks überstanden. Danach sollen wieder MRTs gefahren werden, um den Erfolg dieser Therapie zu beurteilen. Bis jetzt sind auch die Blutwerte noch gut und der Krefelder Arzt hat sich über ihre Entwicklung gefreut. Wir sind Gott sehr dankbar für diese sichtbaren Fortschritte, die uns ermutigen, das Wunder einer völligen Wiederherstellung zu erwarten. ...

Hin und wieder gab es kleine Hinweise auf ihr erwachendes Bewusstsein. An diesem Tag fragte Anne ganz unvermittelt: „Wo war ich eigentlich die ganze letzte Zeit? ... Wo haben die den Tumor rausgenommen? Gibt es Bilder von dem Tumor?"

Mail an Frau Barbara Stüben
(unsere Heilpädagogin)

... Vorigen Freitag habe ich von der Verlängerung von Annes Reha (bis zum 25.11.) erfahren, worüber wir uns sehr gefreut haben. Neuerdings fängt sie an, nach „Zuhause" zu fragen, und sie meinte auch, sie würde gern mal wieder in ihrem Bett schlafen. Sie fragt auch manchmal nach dem Datum und wie lange sie schon hier (in der Reha) sei. Das sind so kleine Lichtblicke in ihrer sonst fehlenden Ort- und Zeitorientierung.

Die Einstufung in die Pflegestufe soll möglichst bald erfolgen. ...

Mit dem Ambulanten Pflegedienst habe ich schon Kontakt aufgenommen, denn ich kenne die Leiterin noch von der Pflege meiner Eltern her. ... Der Arzt von unserer Station will sich um die Verordnung von Pflegebett, Duschhocker, Rollstuhl usw. kümmern. ...

Auf der Kinderstation der Therapieklinik war ein Fall von Schweinegrippe aufgetreten, und da Anne wegen der Chemotherapie reduzierte Abwehrkräfte hatte, war sie die Erste, die evakuiert wurde und für ein Wochenende nach Hause durfte.

Mail an Frau Stüben

... Aus dem Wochenende mit Anne sind neun Tage geworden. Gut, dass diese Evakuierung so überraschend kam, sonst hätte ich mir wieder viel zu viele Gedanken gemacht. Wir hatten außer dem kleinen Rollstuhl und Monas Babyfon keine Hilfsmittel und brauchten auch nichts weiter. Anne hat einfach in ihrem Zimmer in ihrem Bett geschlafen und sich tagsüber mehrfach im Wohnzimmer auf der Couch ausgeruht, wo manchmal Besuch kam oder Papa mit ihr CDs gehört oder DVDs geguckt hat. Bei schönem Wetter sind wir draußen spazieren gegangen. Erst schob sie ihren Rollstuhl selbst, und wenn sie müde war, setzte sie sich hinein.

Sie fühlte sich sofort zu Hause und wusste immer noch, wo sich alles befand, auch die Schokolade in der Schublade. Sie ging die Treppen mühelos hinauf und hinunter, ging allein zur Toilette, auch nachts. Ich war bei diesen Aktionen zwar immer in der Nähe, aber es war eigentlich nicht nötig. Beim Waschen, Duschen und bei der Mundpflege habe ich ihr ein bisschen geholfen. Sie bemerkte es immer, wenn es dunkel wurde, und ließ alle Rollläden im Erdgeschoss herunter (was in meiner Familie sonst keiner bemerkt), half beim Tischdecken und -abräumen. Wenn es an der Haustür klingelte, ging sie hin, wenn das Telefon klingelte, ging sie dran, antwortete, wenn nötig auch auf Englisch.

Es war für uns alle eine sehr schöne und entspannte Zeit. Jetzt ist es offensichtlich Zeit, dass die Reha zu Ende geht. Sie hat wirklich gewaltige Fortschritte dort gemacht. Natürlich steckt tief in mir diese Angst, dass die Kurve mit der Zeit auch wieder steil nach unten gehen kann, denn die ärztliche Diagnose war ja eindeutig genug. Aber ich darf und möchte jetzt nicht so weit in die Zukunft sehen, genauso wenig wie in die Vergangenheit (z. B. Annes damalige Fähigkeiten mit ihren jetzigen vergleichen). Dieser Spagat zwischen Annes jetzigem Zustand und dem Wissen um die Prognose ist manchmal sehr schwer.

Ich weiß nicht, ob es klug wäre, Anne zu diesem Zeitpunkt ein perfektes Pflegebett in ihr Zimmer zu stellen, solange sie noch mit ihrem eigenen problemlos auskommt. Kann man so etwas vielleicht auch nach Bedarf abrufen? Sie würde sich auch über diesen Toiletten-Dusch-Stuhl sehr wundern, den uns die Physiotherapeutin bestellt hat. Das Wohnzimmer umzuräumen ist zurzeit auch überhaupt noch nicht nötig. Am Freitag kommt voraussichtlich ein Handwerker, um sich die Dusche anzusehen und einen Kostenvoranschlag zu machen. ...

„Es ist so toll,
dass Gott unser Leben
in der Hand hat. –
Unglaublich!"

Anne Karunaratna

Rundmail

... Anne hat nun die neunwöchige Reha in der Osterather Therapieklinik erfolgreich beendet und durfte heute Vormittag nach Hause. Weil Nihal einen anderen Termin hatte, war Daniel mitgekommen, um mir beim Einpacken aller Sachen zu helfen. Anne wollte auch helfen. Ich gab ihr ein Trinkglas und bat sie, es unten in den Teewagen zu stellen. Ich meinte natürlich den Teewagen der Stationsküche, der immer auf dem Flur vor unserer Tür stand, aber Anne meinte, dass sie es zum Teewagen der Cafeteria bringen sollte, die sich zwei Etagen tiefer am anderen Ende der Klinik befand. Da wir natürlich nichts von diesem Missverständnis ahnten, bemerkten wir auch nicht, dass sie zum Aufzug ging und allein nach unten fuhr, um das Glas zum Teewagen zu bringen. Die Krankenschwestern und ich suchten sie natürlich besorgt. Daniel rannte wie der Blitz durch alle Etagen, entdeckte sie schließlich und brachte sie wohlbehalten zurück. Wir hatten einen schönen Schrecken bekommen, aber Anne hatte diese Situation ganz souverän gemeistert.

Als wir den Entlassungsbrief lasen, wurde uns ganz neu bewusst, welche gewaltigen Fortschritte sie in dieser Zeit gemacht hat. Sie kam damals im Liegendtransport an und konnte weder sprechen noch laufen. Beides ist jetzt für sie selbstverständlich und auch die Feinmotorik hat sich gut entwickelt. Die siebenwöchige Chemo- und Bestrahlungszeit ist ebenfalls fast zu Ende und hat außer Müdigkeit

70

keine nennenswerte Verschlechterung der Blutwerte oder Übelkeit (außer am Anfang kurz) gebracht. Wir danken Gott für diese Entwicklungen, über die sich sogar die Ärzte, Therapeuten und Schwestern wundern. In der zweiten Dezemberwoche werden neue MRTs gefahren, um alles zu kontrollieren. Nur die starke Gedächtnisstörung ist noch ein deutlicher Hinweis auf die Zeit, die hinter ihr liegt. Alles, was nach der Operation erlebt, gehört oder gesehen wurde, hat Anne kaum oder gar nicht abgespeichert. Das hängt damit zusammen, dass sich der Tumor am Thalamus befand (oder befindet), und die Ärzte meinen, dass diese Gedächtnisfunktionen auch nicht zu therapieren sind.

Wir erleben immer wieder Lichtblicke in der Form, dass Anne sich sehr wohl an einzelne Dinge aus der nachoperativen Zeit erinnert, aber eine kontinuierliche Entwicklung ist tatsächlich nicht zu erkennen. Auch hier können wir nur auf ein Wunder vertrauen, aber wir haben ja auch schon einige erlebt. Mitte November war Anne ganz überraschend für eine Woche zu Hause, weil auf ihrer Station zwei Schweinegrippe-Fälle entdeckt worden waren. Da sie durch die Chemo reduzierte Abwehrkräfte hat, war sie die Erste, die evakuiert wurde.

Wir haben uns alle über diese Überraschung gefreut und Anne hat die Zeit wirklich genossen. Es hat auch besser geklappt, als ich vorher vermutet hätte: Ich konnte den Medikamentenplan einhalten, sie hat sehr ruhig und lange geschlafen und war auch insgesamt viel weniger verwirrt, weil sie alles von früher kannte. An diese eine „Urlaubswoche" kann sich Anne übrigens jetzt auch schon nicht mehr erinnern. So konnten wir den „Ernstfall" schon einmal proben und hoffen, dass es auch in der nächsten Zeit genauso gut läuft. Wir wünschen euch allen eine gesegnete Adventszeit und danken immer wieder für alle Gebete, Hilfen, Nachfragen, Besuche usw. ...

Mail von Frau Bargfeld

... Ich freue mich sehr über die tolle Entwicklung, die Anne schon gemacht hat. Es ist wirklich schön zu hören, dass auch die Ärzte von ihren Fortschritten begeistert sind, denn auf ihre Einschätzungen muss man ja im Wesentlichen vertrauen. Und vielleicht ist Annes Gedächtnisschwäche ein Schutzmechanismus ihres Körpers, der bewirkt, dass Anne sich auf das Wesentliche – nämlich ihre Genesung – konzentriert und nicht dauerhaft das ganze Ausmaß ihrer Krankheit reflektiert. Ich hoffe jedenfalls, dass es so ist.

Da Anne ja nun zu Hause ist, wird ihre positive Entwicklung bestimmt schnell weitergehen, denn jetzt fühlt sie sich wieder sicher. Für Sie hat sich daraus natürlich auch mehr als ein neues Problem ergeben. Sie sind rund um die Uhr verantwortlich und haben auch noch ständig Besucher im Haus. Das ist sicher eine große Belastung. Daher schreiben Sie mir bitte nur zurück, wenn ich mal kommen soll, um Sie ein bisschen zu entlasten. Ich komme sehr gerne mal einen Nachmittag (oder auch öfter), um evtl. mit Anne spazieren zu gehen und zu reden. ...

... Natürlich können Sie gerne kommen, um Anne zu Hause zu besuchen. Sie wird sich bestimmt sehr darüber freuen. ...

Da ich momentan nicht arbeite, bin ich fast immer zu erreichen. Weil auch mein Mann jetzt zu Hause sein kann, können wir uns mit der „Aufsicht" problemlos abwechseln. Anne ist aufgrund ihrer lieben und ruhigen Art tagsüber ausgesprochen „pflegeleicht" und sehr einfach zu leiten. Sie kann praktisch alle Alltagstätigkeiten selbst verrichten, muss aber ständig ans Weitermachen erinnert werden, weil sie es sonst vergisst. Das ist kaum vorstellbar, wenn man sie von früher her kennt. Obwohl sie sehr tief und ruhig schläft, habe ich mir als Erstes ein Babyfon gekauft. Das beruhigt noch zusätzlich. ...

Natürlich habe ich oft Angst, dass sich die Prognosen der Ärzte bewahrheiten könnten. Dieser Spagat ist oft sehr schwer. Ich muss mich immer wieder zwingen, für das Jetzt dankbar zu sein. Das Erinnern an die Vergangenheit und das Ausmalen der Zukunft belasten nur und helfen überhaupt nicht. ...

Mittwoch, 2. Dezember 2009

Mail von der Klassenpflegschaftsvorsitzenden meiner Klasse

... Wie geht es Ihnen und Ihrer Familie? Die Kinder und Eltern der Klasse 4c vermissen Sie sehr und wir denken häufig an Sie und Ihre Familie. ...

... Ich denke auch sehr oft an die Schule. In den letzten Tagen habe ich Weihnachtsbriefe für alle Kinder der 4c vorbereitet, die dann die beiden Kolleginnen vor den Ferien verteilen werden. Zuerst habe ich daran gedacht, die Klasse(n) zu besuchen, aber ich glaube, das schaffe ich noch nicht. Ich fange immer noch schnell an zu weinen, und das wäre dann auch für die Kinder zu schwierig. Meine Kolleginnen haben mir erzählt, dass die Kinder auch in der neuen Situation gut mitarbeiten und sich damit wohl gut abgefunden haben. Ich wünsche Ihnen eine besinnliche Adventszeit. ...

Donnerstag, 3. Dezember 2009

Anne hatte oft Probleme, Tabletten zu schlucken, und musste sich ab und zu dabei übergeben. In einem Gespräch mit Mona konnte sie sich schon wieder überhaupt nicht daran erinnern:

Mona: „Das ist ja toll, dass du einfach vergisst, wenn es dir schlecht geht!"

Anne: „Ja, das ist wirklich gut an dieser Krankheit."

Mail von einer Kollegin

... Ich habe mich so sehr über deine Mails gefreut, auch wenn ich sie jetzt erst beantworte. Was für wunderbare, hoffnungsvolle Neuigkeiten! Ich kann dir nur darin zustimmen, wie richtig deine Entscheidung war, an Annes Seite zu sein. Deine/eure Nähe und die vertrauensvolle Zuversicht, die dein Mann und du ihr vermittelt, haben mit Sicherheit diese großen Fortschritte möglich gemacht und werden ihre Genesung auch weiterhin unterstützen. Ich bin mit meinen Gedanken bei euch und wünsche dir und deiner Familie eine hoffnungsvolle Adventszeit und weiterhin ganz viel Kraft. ...

Samstag, 12. Dezember 2009

Mail an Frau Bargfeld

... Heute möchte ich Ihnen nur kurz erzählen, dass Anne heute Vormittag völlig unvermittelt äußerte, dass sie gar nicht mehr wisse, wo ihr Philo-Vortrag sei. Da war ich natürlich sehr froh, dass Sie ihn mir vor längerer Zeit geschickt hatten. Ich gab ihn ihr und sie las ihn zweimal (!) durch, obwohl sie sonst kaum liest, weil es zu anstrengend für sie ist. Anschließend gab ich ihr auch zum dritten Mal Ihren lieben Brief, den Sie ihr damals zu Beginn der Krankheit geschrieben haben. Er war wieder völlig neu für sie und sie hat sich wieder sehr darüber gefreut.

An den Vortrag kann sie sich noch erinnern. Sie wusste noch, wer die anderen beiden Referent(inn)en waren, aber sie wusste nicht mehr, in welchem Raum die Podiumsdiskussion stattfand. An die Anwesenden erinnert sie sich nur teilweise.

Es ist für mich immer wieder ein Phänomen, dass Anne sich im Jetzt ganz adäquat unterhalten kann und alles versteht, sich aber in Richtung Vergangenheit und Zukunft keine Gedanken machen kann. Ich habe nie gewusst, dass es möglich ist, unter solch einer „Schutzglocke" zu leben, aber eigentlich ist es genial für ihre Situation. ...

Gestern Abend sagte Anne mit Tränen in den Augen: „Ich möchte auch mal wieder zur Schule gehen! ... Hoffentlich muss ich das Schuljahr nicht wiederholen!"

Mail an eine Verwandte

... In den ersten Monaten war es unendlich schwer für mich, diese Veränderung von der Spitzenschülerin zur jetzigen Situation zu verkraften. ...

Mail an eine Kollegin

... Über deinen persönlichen Weihnachtsgruß habe ich mich sehr gefreut. Es stimmt natürlich, dass einerseits alles sehr schwer ist, aber auf der anderen Seite gibt es auch sehr viel Schönes: dass ich (dank euch) zu Hause sein kann und viel Zeit für meine Familie habe, dass mein Mann bei allen entscheidenden Dingen dabei sein kann, dass Anne genau zum 1. Advent nach Hause kam und wir die gesamte Vorweihnachtszeit zusammen genießen konnten. Wir konnten z. B. zusammen Plätzchen backen (habe ich in der Schulzeit selten geschafft, meistens nur mit der Klasse), auf den Weihnachtsmarkt fahren (mit Rollstuhl und warmer Decke); wir haben sogar Zeit für Gesellschaftsspiele (hatten wir sonst nie). Anne hat die Gemeinde-Weihnachtsfeier, die Pfadfinder-Weihnachtsfeier und die Sonntagsgottesdienste genossen; sie konnte sogar mit Mona in Krefeld shoppen gehen (mit Rollstuhl). Überhaupt ist sie sehr ausgeglichen und dankbar. Sie lacht, wenn Daniel von dem Mist erzählt, den er in der Schule macht, ist sehr geduldig und will immer helfen.

Sie ist nur sehr oft müde und verbringt viel Zeit auf dem Sofa im Wohnzimmer. ... Für euch war ja heute der letzte Schultag. Ich denke wirklich viel an euch. Ich weiß noch, wie fertig ich zu Beginn der Ferien immer war, und am liebsten alles auf einmal nachholen wollte, was ich bis dahin nicht geschafft hatte. Gleichzeitig hat sich dann die ganze Familie auf mich gestürzt, weil die dachten, ich hätte ja jetzt frei! ...

Weihnachtswoche 2009

Rundmail

... Auch wenn der Beginn von Annes Krankheit im letzten Sommer unser Leben gravierend verändert hat, so sind wir doch von ganzem Herzen dankbar für die Fortschritte, die wir sehen können, für den guten Zusammenhalt unserer Familie, für die vielfältige Unterstützung durch unsere Gemeinde, Nachbarn, Freunde, Arbeitskollegen usw. Es tut uns allen sehr gut, dass Anne seit dem 1. Advent wieder zu Hause ist, nachdem sie 16 Wochen in verschiedenen Krankenhäusern verbracht hat.

Anne weiß zwar, dass sie sehr krank ist, kann aber die Schwere dieser Tatsache nicht überblicken. So sehen wir diese gravierende Gedächtnisstörung als einen genialen Schutzschild für ihre Seele an, denn sie erkennt nicht, welche Fähigkeiten sie verloren hat und was ihr bevorstehen kann. Sie freut sich an der Gegenwart, an der Familie, an Besuchern u. v. a. Das erleichtert die Situation für uns auch sehr. Leider waren die neuesten Ergebnisse der Nachuntersuchungen nicht ganz so positiv, wie wir erhofft hatten (es sind wieder neue Tumorzellen entdeckt worden, die in den nächsten Chemophasen bekämpft werden sollen), und wir sind weiterhin sehr dankbar für Gebete. Der Schock hat uns alle tief getroffen, aber wir haben auch in diesen schweren Zeiten täglich Gottes Hilfe und Trost erfahren.

In diesem Sinne erleben wir hautnah einen tiefen Weihnachtsfrieden, gegründet auf der Gewissheit, dass der Gott, der seinen Sohn zu uns gesandt hat, um uns Menschen zu erlösen, auch unsere Situation kennt und sie nicht über unsere Kräfte gehen lässt. ...

Brief an Frau Dr. Skulina
(eine Ärztin in München)

... Ihre Schwester, die wir schon sehr lange kennen, hat mir gesagt, dass Sie freundlicherweise bereit sind, sich die Unterlagen über die Erkrankung unserer Tochter anzusehen und gegebenenfalls einige Fragen dazu zu beantworten.

Es ist nun nicht so, dass wir den Ärzten der Kinderklinik, von der aus Anne zurzeit ambulant betreut wird, misstrauen, aber wir haben uns hier bereit erklärt, an einer Studie teilzunehmen (HIT-HGG 2007) und denken, dass es sicher auch einmal interessant wäre, die Meinung von Fachleuten einzuholen, die vielleicht auch Behandlungsmöglichkeiten in Betracht ziehen, die diese Studie zurzeit noch nicht vorsieht.

Als die Heidelberger Ionenbestrahlung durch die Medien ging, habe ich unseren Arzt natürlich auch danach gefragt, aber er meinte nur, das käme in Annes Fall nicht in Betracht. Eine Bekannte von uns, die auch unter einem (allerdings gutartigen) Gehirntumor leidet, wird im Moment recht erfolgreich mit Hyperthermie behandelt. Ihr Arzt meint, dass auch bei einem *Glioblastom Grad IV* diese Behandlungsform zumindest lebensverlängernd wirken könnte. Aber auch die Hyperthermie wird von der Studie nicht vorgesehen und eher als experimentell abgetan. Wir bestehen auch nicht auf Experimente, und das Behandlungsprogramm dieser Studie gewissenhaft durchzuziehen ist wahrscheinlich schon belastend genug, nicht nur für

Anne, sondern auch für uns. Aber es wäre auch schon eine gewisse Beruhigung, von Ihnen zu hören, warum diese beiden neueren Behandlungsformen für Anne nicht infrage kommen. ...

Ich danke Ihnen für Ihre Mühe und bin gerne bereit, Rückfragen zu beantworten. ...

Antwort von Frau Dr. Skulina

...Danke für die Übersendung Ihrer Unterlagen. Ich kann Ihre Unruhe und Sorge gut verstehen, aber nach allem, was mir zugänglich ist, würde ich auch jemand mir Nahestehendem diese Therapie anraten. Die relativ günstigen Erfolge durch die Kombination mit *Temodal* ist bei Erwachsenen gut belegt und hat die Überlebenszeit enorm verlängert. Man weiß, dass diese im Prinzip sehr ungute Tumorart bei Kindern und Jugendlichen eine etwas bessere Prognose hat, aber das aufgetretene Rezidiv[5] wirft die Hoffnung natürlich zurück.

Ich gehe davon aus, dass Ihre Tochter die Bestrahlung der Tumorregion ... bereits abgeschlossen hat und dass der neue kleine Rezidivherd außerhalb des Bestrahlungsbereichs liegt (?). Wenn das so ist, würde ich auch die Chemotherapie mit *Temodal,* die ja vergleichsweise gut verträglich ist, so weiterführen und den neuen Herd beobachten. Die Hyperthermie ist zu wenig belegt und ist auch nicht gerade gut verträglich und die Protonen- und Schwerionentherapie bringt im Vergleich zur Photonentherapie

---

[5] das Wiederauftreten einer Krankheit nach Behandlung

keinen Vorteil. Die Methode wäre evtl. vorzuziehen gewesen, wenn bei Anne eine Operation nicht möglich gewesen wäre. ...

Sollte der neue Herd größer werden und Probleme verursachen, könnten Sie Anne evtl. noch beim Cyberknife[6] mit der Frage einer stereotaktischen Bestrahlung[7] vorstellen. ...

Liebe Frau Karunaratna, wir können gern noch telefonieren. Ich weiß von meiner Schwester, dass die ganze christliche Gemeinschaft bei Ihnen für Anne betet und alle hoffen, dass sie lebt. Gott hat uns nur diese und einige wenige medizinische Möglichkeiten gegeben; er hat es letztlich in der Hand, und es bleibt uns nichts, außer das Beste bzw. Erprobteste zu tun und ihm zu vertrauen. Man wird in meinem Fach sehr schnell sehr bescheiden und weiß um die starken Begrenzungen unserer Therapiemöglichkeiten.

Alles Liebe, ich denke an Sie und an Anne und umarme Sie ...

Meine Antwort

... Herzlichen Dank für Ihre persönliche und mitfühlende Antwort. Ich denke, ich habe Ihre Ausführungen gut verstanden und danke Ihnen auch für das Angebot, telefonisch Fragen zu stellen. Ich werde gerne darauf zurückkommen, wenn sich neue Fragen ergeben sollten. Wenn ich unseren

---

[6] Instrument in der Radiochirurgie
[7] Verfahren der Neurochirurgie

Arzt damals richtig verstanden habe, befindet sich der Rezidivherd innerhalb des schon bestrahlten Bereichs, und ich vermute, dass das die Prognose wahrscheinlich noch einmal verschlechtert. Ihre Meinung bezüglich der Hyperthermie und Ionenbestrahlung war für uns beruhigend und bestätigte auch unser Gefühl. Nun können wir wohlmeinenden Verwandten und Bekannten sagen, warum wir uns entschieden haben, innerhalb der Studie zu bleiben. Es ist wirklich so, dass das Vertrauen auf Gott die tragfähigste Grundlage für uns ist. Anne lebt in ihrer „happy amnesia" und empfindet zurzeit weder psychischen noch körperlichen Leidensdruck. Das erleichtert die Sache für uns sehr. ...

Mittwoch, 6. Januar 2010

Brief an meine Schulklasse

... In den Ferien fand ich in meinem Briefkasten ein Heft mit vielen wunderschön gestalteten Seiten. Ich habe mich sehr darüber gefreut und mir alles immer wieder angeschaut. Vielen Dank dafür! Gerne würde ich euch einmal besuchen, aber unsere Zeit ist sehr ausgefüllt mit Arztbesuchen und Therapien, sodass ich noch nicht sagen kann, wann. Ich wünsche euch alles Gute für das neue Jahr und viel Freude und Erfolg in der Schule. ...

Mail an eine Kollegin

... Ich denke oft an euch und kann noch nachempfinden, in welchem Stress ihr ständig lebt. Wir leben zwar auch in einer Art seelischem Dauerstress, aber trotzdem weiß ich es sehr zu schätzen, dass ich im Moment keinen Zeitdruck und auch nicht dieses ständige Gefühl habe, nicht fertig geworden zu sein. ...

Rundmail

... Da mich schon etliche Leute angesprochen und gefragt haben, wie es Anne zurzeit geht, merke ich, dass ich mal wieder eine Rundmail abschicken muss.

Gott sei Dank gibt es nicht viel Neues zu berichten. Anne ist jetzt fast sieben Wochen zu Hause, weiterhin sehr pflegeleicht und braucht eigentlich nur meine Anwesenheit und hin und wieder einige Impulse und kleine Hilfen im Alltag. Ihr (und mein) Terminkalender ist nun ziemlich voll mit ärztlichen Kontrolluntersuchungen, Ergo-, Physio- und Musiktherapie, Besuchen von Freunden und Familienmitgliedern.

Der kleine Rezidivherd, den ich im allgemeinen Weihnachtsbrief erwähnte, soll vorerst nicht besonders behandelt werden. Er war innerhalb von zwei Monaten während des großen Bestrahlungs- und Chemoblocks und innerhalb des Bestrahlungsgebietes gewachsen, was nicht unbedingt etwas Gutes bedeutet. Er soll nun genau wie die Tumorränder weiter beobachtet und durch die sowieso geplanten Chemoblöcke bekämpft werden. Einen dieser Fünf-Tage-Chemoblöcke hat Anne zum Jahreswechsel schon hinter sich gebracht. Die Nebenwirkungen waren zwar heftig, aber vorübergehend. Jetzt geht es ihr wieder verhältnismäßig gut.

Als sie einen Tag vor Silvester äußerte: „2009 war doch ein gutes Jahr, nicht?", waren wir schon sprachlos, verstanden aber wieder einmal, in welch einer positiven Grundstimmung sie lebt. In den letzten 14 Tagen hat sie mindestens siebenmal geäußert, wie sehr sie sich auf den Himmel freue. Die Äußerungen entstanden in völlig banalen Situationen (auf der Treppe, im Bad, beim Zähneputzen, beim Essen ...) und ohne vorherige „geistliche" Gespräche. Sie spricht darüber wie andere Leute über ihren geplanten Urlaub. Wir versuchen weiterhin zu lernen, wie Anne zu denken: nicht ihren verlorenen Fähigkeiten hinterherzutrauern, nicht Zukunftsängste zu hegen, sondern sich einfach dankbar am Jetzt zu freuen und an das zu denken, was wirklich wichtig ist. In diesem Sinne wünschen wir allen ein gesegnetes neues Jahr! ...

Dienstag, 19. Januar 2010

Mail an Frau Stüben

... Es ist in der Tat sehr entlastend, wenn Anne so positiv, mit echter Vorfreude, über den Himmel spricht, ohne

84

Resignation, Trauer oder Angst. Das haben wir immer versucht, unseren Kindern von klein auf zu vermitteln, bzw. es entspricht auch unserem christlichen Glauben. Aber dass Anne es in dieser Situation so häufig äußert, überrascht uns auch, denn das haben wir ihr wirklich nicht „eingeredet". Ich glaube auch, dass das bedeuten könnte, dass Anne die Begrenzung ihrer Zeit unbewusst ahnt. Unbewusst deshalb, weil sie anders antwortet, wenn man sie direkt fragt.

Zum Beispiel hat Mona sie vor Kurzem mal gefragt, ob sie glaube, dass sie an dieser Krankheit sterben könnte, und ich habe sie mal gefragt, ob sie denn glaube, dass sie bald in den Himmel gehen würde. Beide Male antwortete sie ganz überrascht und überzeugt mit „Nein!". Es gibt auch Äußerungen, wo sie ganz normale Zukunftspläne schmiedet („Wenn ich erwachsen bin, trinke ich vielleicht auch Kaffee." – „In drei Monaten werde ich 18, dann machen wir eine Party.")

Ende September, als sie von der Krefelder Klinik nach Osterath in die Therapieklinik wechselte, war sie noch sehr traurig und hat viel geweint. An zwei Abenden hatte sie geäußert: „Es ist alles vorbei!" Es war so, als ob sie zu der Zeit noch in der Lage war, über ihre verlorenen Fähigkeiten mit allem, was dazugehört, zu trauern. In dieser Zeit hatte ich auch die beiden tiefgehenden Gespräche mit ihr, in denen ich ihr ehrlich klarzumachen versuchte, dass es medizinisch gesehen wirklich nicht viel Hoffnung gibt. Einmal sagte ich auch: „Das Beste kommt noch. Wir müssen jetzt in die richtige Richtung schauen!" Es schien so, als hätte sie sogar verstanden, was ich damit meinte.

Von diesen „Gesprächen" (sie konnte ja eigentlich zu der Zeit noch kaum sprechen oder sich dazu äußern) weiß sie mit Sicherheit nichts mehr, und ich sehe im Moment auch keine Notwendigkeit, mit ihr in dieser Weise zu sprechen. Jetzt hat sie schon seit Monaten keine traurigen Stimmungen mehr, sondern ist, wie beschrieben, sehr positiv und ausgeglichen. Manchmal haben wir das Gefühl, dass sie uns zeitweise in diese geniale Schutzglocke mit hineinnimmt. Dadurch, dass sie zurzeit weder seelischen noch körperlichen Leidensdruck hat, geht es uns auch relativ gut. Wir sind dankbar für diese Phase, auch wenn wir nicht wissen, wie lange sie anhält. ...

Antwort von Frau Stüben

... Es ist unglaublich, wie deutlich Anne ihre Situation wahrnimmt und wie sehr sie sich auch mitteilen kann bzw. darf. Anne findet in Ihnen aber auch Eltern, bei denen sie sich öffnen darf mit allen ihren Sorgen, Befürchtungen und Zukunftsträumen. ...

Mitte Januar 2010

Anne war unwahrscheinlich positiv geworden. Nicht nur, dass sie ständig von ihrer Vorfreude auf den Himmel sprach, es kamen auch Sachen wie: „Ich finde es so toll, dass man auch in Gedanken beten kann!" – „Toll, dass Gott mich so bewahrt hat!" – „Toll, dass ich diese Krankheit so überstanden habe!" – „Ich bin Jesus so dankbar für das, was er für uns getan hat!" – „Ich bin Gott so dankbar, dass er mich durch die ganze Zeit des Tumors getragen hat und dass ich jetzt so viel mehr machen kann!" – „Danke, dass ihr euch für mich so einschränkt!" – „Danke, dass du alles für mich machst!" – „Danke, dass ihr mich schon als Kind immer mit zur Gemeinde genommen habt!" – „Ich bin Gott so dankbar für die Therapieklinik, was die alles geschafft haben!"

Alle diese Äußerungen kamen nicht nur einmal, sondern mehrmals, vieles sagte sie sogar mit Tränen in den Augen. In dieser Zeit quälten Anne manchmal auch massive Zweifel, ob sie wirklich gut genug für den Himmel wäre. Wenn ich ihr dann immer wieder neu erklärte, dass Jesus den Weg für uns freigemacht hat und dass er wirklich alle Sünden vergibt, freute sie sich umso mehr über dieses geniale Erlösungswerk.

Nach einigen Wochen waren diese Zweifel verschwunden und sie kamen auch nie wieder. „Es ist wirklich unglaublich, dass Jesus uns immer wieder vergibt. Da könnte ich vor Freude heulen. Ich bin Jesus so dankbar für seine Gnade. Ich habe das wirklich nicht verdient!"

Rundmail

… Gestern wurde ein neues MRT von Annes Kopf gemacht, um den Rezidivherd weiter zu beobachten, der vor sieben Wochen gefunden worden ist. Leider ist er trotz des neuen Chemoblocks weiter um einen Millimeter gewachsen. Die Tumorränder, die bei der OP am Balken hatten stehen bleiben müssen und die vor sieben Wochen noch unverändert waren, zeigen nun mehrere knotige Strukturen von maximal 1,1cm (!). Dieser Progress unter Therapie ist auf jeden Fall sehr schlecht.

Vermutlich werden die Chemoblöcke wie geplant weitergemacht, solange Anne sie so relativ gut verträgt. Obwohl wir von Anfang an wussten, dass dieser Tumor eine schlechte Prognose hat, sind wir doch immer wieder geschockt, vor allem, weil diese Nachricht in krassem Gegensatz steht zu dem, wie wir Anne im Alltag erleben. Besonders in den letzten 14 Tagen hat sie zum Beispiel deutliche Fortschritte gemacht, was ihr Gedächtnis betrifft. Dieses Auf und Ab von Hoffnung und Enttäuschung ist schwer zu ertragen. Wir sind sehr dankbar für weitere Gebete. …

Mail an eine Verwandte

... Heute war Anne mit uns in der Klinik, wo der Arzt uns die MRT-Bilder von den gewachsenen Tumorrändern gezeigt hat. Sie scheint das Ausmaß der Bedeutung dieser Tatsache nicht verstanden zu haben, und ich kann es im Moment nicht so sehen, dass ich sie damit auch noch belasten sollte. ...

Mail an eine Verwandte

... Heute scheint Anne ein ganz besonderes Erlebnis gehabt zu haben: Sie sagte mir, dass sie den Eindruck hatte, dass Jesus selbst ihr sagte, dass er alle ihre Sünden vergeben habe. Es sei ein plötzlicher, ganz starker Gedanke gewesen. Dieser Eindruck war wohl etwas ganz Besonderes für sie. ...

Mail an eine Kollegin

... Ich denke nicht, dass wir besonders zu bewundern sind. Ich empfinde es so, dass es anscheinend leichter ist, ganz real in solch einer Situation zu stecken und zu wissen, dass man da nun durchmuss, als diese Situation nur als Beobachter mitzuerleben. Natürlich hat uns das MRT-Ergebnis erst mal niedergeschmettert und natürlich ist das lange Auf und Ab mit aller Ungewissheit zermürbend. Aber Anne geht es ja zurzeit relativ gut; sie ist glücklich und zufrieden und hat keine Schmerzen. Zu Hause ist sie sehr gut orientiert und die Gedächtnisschwäche fällt uns schon gar nicht mehr so sehr auf. Auch jetzt hat sie noch keine bewusste Einsicht in den Ernst ihrer Krankheit, auch wenn andererseits viele Äußerungen kommen, die zeigen, dass sie es unbewusst doch ahnt.

Dass sie so oft sehr positiv vom Himmel spricht, ist für uns nicht erschreckend, sondern trostreich, weil es uns beweist, dass die Hoffnung des christlichen Glaubens sie ebenso trägt wie uns. Wahrscheinlich ist es wirklich so, dass Gott denen die nötige Kraft gibt, die in der Situation stecken, nicht denen, die zuschauen müssen. Die Ärzte haben uns ja von Anfang an gesagt, dass diese Art Tumor so ist, aber trotzdem entwickelt man in jeder guten Phase natürlich immer wieder den Wunsch, dass alles doch ganz anders verlaufen wird. Ich darf einfach nicht ständig denken: „Wie wird es sein ...?" – „Wann wird es sein ...?", denn diese Gedanken helfen im Moment wirklich niemandem. ...

Mail von Frau Bargfeld

... Ich möchte mich noch einmal ganz herzlich bedanken, dass ich Anne heute besuchen durfte. Es ist schön, sie in so „guter" Verfassung zu sehen. Wir haben viel gelacht, auch wenn man ihr schon anmerkte, dass sie nach zwei Stunden auch wirklich müde wurde. Ich hoffe, ich habe sie nicht zu sehr beansprucht.

Ich weiß nicht, ob Sie es als unpassend empfinden, aber ich habe mich jetzt durchgerungen, es Ihnen doch mitzuteilen. In der 11. Klasse haben wir uns im Unterricht mit der Frage beschäftigt, was wir machen würden, wenn wir nur noch kurze Zeit zu leben hätten. Anne hat damals gesagt, dass sie einmal Achterbahn fahren möchte, weil sie sich das bisher nie getraut hat. Alle meine Schüler haben verschiedene Dinge genannt, die sie unbedingt machen möchten, und ich habe ihnen die Hausaufgabe gegeben, eines dieser Dinge zu tun.

Anne hat sich sehr viel Zeit für diese Hausaufgabe genommen und sich im Unterricht auch gemeldet, um zu berichten, was sie auf jeden Fall getan haben möchte. Sie sagte, sie habe ein Testament verfasst. Sie hat wohl mehrere Stunden damit zugebracht, weil sie es für eine sehr wichtige Aufgabe gehalten hat, die man ernst nehmen muss. Ich weiß nicht, ob diese Geschichte irgendeine Bedeutung für Sie hat, aber ich wollte sie zumindest erwähnen. Anne ist übrigens auf der Suche nach ihrem Philosophieheft. Es würde sich wirklich lohnen, es zu finden, denn sie hat auch darin tolle und sehr persönliche Texte verfasst. ...

... Für Ihre Mail bin ich Ihnen ganz außerordentlich dankbar. Anne war immer sehr selbstständig und hätte mir solche Dinge wie das mit dem Testament wohl auch nicht gesagt. Wir hatten aus meiner Sicht immer ein gutes Verhältnis, aber ich habe sie nie bedrängt, mehr von sich preiszugeben, als sie wollte. Ich vermute mal, dass sie die Sache mit dem Testament jetzt vergessen hat, da wir mittlerweile schon oft festgestellt haben, dass Dinge aus dem Jahr vor der OP auch in Vergessenheit versunken sind. Ich werde jetzt natürlich auch (noch) nicht danach suchen, genauso wie ich noch nie in ihr Tagebuch geschaut habe, obwohl ich weiß, wo es ist. Heute Morgen lag ihr Philosophieheft aufgeschlagen auf ihrem Schreibtisch und der Karton mit den Schulsachen war herausgezogen. Wissen Sie zufällig, ob sie während Ihres Besuchs danach gesucht hat? Wenn nicht, dann hat sie es möglicherweise nachts gesucht, als sie nicht schlafen konnte. Dieses Heft werde ich auf jeden Fall gut aufheben. ...

Antwort von Frau Bargfeld

... Bezüglich meiner Informationen zu Annes Testament bin ich besonders erleichtert, dass Sie mir dies nicht übel genommen haben. Und ich kann sehr gut nachvollziehen, dass Sie es jetzt auch sicher nicht suchen möchten. Ich bin über die Inhalte auch nicht informiert. Danach habe ich damals im Unterricht auch bewusst nicht gefragt, weil ich dies für eine viel zu persönliche Information gehalten habe. ...

Ich glaube, Anne hat sich damals auch nur gemeldet, weil sie wusste, dass sie nicht ins Detail gehen muss. Ich kann mich auch gut erinnern, dass Anne in dieser Stunde geweint hat. Sie erzählte uns, dass ihr im Hinblick auf unser Thema auch bewusst geworden sei, wie selbstverständlich wir die Menschen um uns herum wahrnehmen und dass wir sie oft gar nicht so würdigen, wie sie es verdient haben. Sie erzählte, dass es ihr so leidtue, dass sie erst jetzt, wo eine Freundin oder eine Bekannte lebensgefährlich erkrankt sei, bemerke, wie selbstverständlich wir Freundschaft empfinden. Sie hatte sich zu diesem Zeitpunkt vorgenommen, die Zeit mit jedem Menschen, der ihr etwas bedeutet, intensiver zu genießen. Hoffentlich hat sie dies umsetzen können. ...

Anne hat übrigens immer noch sehr viel Respekt vor dem Achterbahnfahren, und auch wenn sie es nicht so deutlich gesagt hat, so bin ich mir sicher, dass sie es sich momentan nicht zutraut. Als wir aber auf das Heft zu sprechen kamen, war es ihr ein großes Anliegen, es noch einmal zu lesen. Sie hatte aber keine Vorstellung davon, wo es sein könnte. Daher hat sie sich sofort einen Zettel geschrieben und in die Küche gelegt. Sie wollte sich daran erinnern, auf jeden Fall nach dem Heft zu suchen. Das hat sie dann wohl auch nach meinem Besuch direkt in die Tat umgesetzt. ...

... Vielen Dank für Ihre sehr aufschlussreiche Mail. Ich habe mir Annes Philosophieheft durchgelesen und schmunzelnd zur Kenntnis genommen, dass Sie unter ihre erste Hausaufgabe geschrieben haben: „Hast du das ganz alleine gemacht?"

Ich glaube, ich habe das Heft jetzt zum ersten Mal gesehen. Besonders persönlich und für mich sehr interessant ist ihr Text zu der Aufgabe, über die eigene Vergangenheit nachzudenken und sich von da aus die eigene Zukunft vorzustellen. Bezeichnend fand ich, dass sie am 5. Juni '09 eine Hausaufgabe offensichtlich nicht gemacht hat, denn da stand nur die Überschrift: „Die zwei Säulen meines Lebens" (Glaube und Familie/Freunde), aber keine weiteren Ausführungen. Ich vermute, dass ihr das Texteschreiben in dieser Zeit schon sehr schwergefallen ist.

Anne hatte schon länger den Wunsch, Journalistin zu werden, und hatte auch bei der WZ in Krefeld eine AG für Nachwuchsjournalisten gefunden. Sie liebte es, Texte zu schreiben, und war auch ganz stolz auf ihren ersten veröffentlichten Zeitungsartikel. Einige Wochen später sollte sie einen Artikel für unseren Gemeindebrief schreiben über eine Aktion, an der sie selbst teilgenommen hatte. Sie fühlte sich damit so überfordert, dass sie anfing zu weinen, und sie hat ihn dann auch nicht geschrieben. Ich denke, dass sich dieser Tumor rasend schnell entwickelt haben muss. ...

Rundmail

... Vorigen Montag wurde bei Anne wieder ein MRT gefahren, nur vier Wochen nach dem letzten. Diesmal zeigte sich, dass die Tumorränder, die zuvor relativ schnell gewachsen waren, nun wieder um 3 mm geschrumpft sind! Auch das neue Rezidiv, das vor elf Wochen gefunden worden ist, hat sich um ca. 1 mm verkleinert. Die Ärzte vermuten nun, dass es sich vorher teilweise um einen sogenannten Pseudo-Progress gehandelt haben könnte, und tendieren nun dahin, den von der Studie vorgesehenen Behandlungsplan doch noch eine Weile fortzusetzen. Sie haben uns auch eine Gamma-Knife-Bestrahlung[8] empfohlen, die sehr gezielt und effektiv eingesetzt wird und auch recht gut verträglich ist.

Da sich in Krefeld ein ganz neues Gamma-Knife-Zentrum befindet, haben wir dort auch schon Kontakt aufgenommen. Wie ihr seht, gehen unsere Achterbahnfahrten weiter. Auf der einen Seite versuchen die Verantwortlichen des Krankenhauses, uns darauf vorzubereiten, dass Anne bald sehr pflegebedürftig werden wird, und bringen uns auch schon bald mit einem Palliativteam aus der Düsseldorfer Uniklinik in Kontakt, auf der anderen Seite sehen wir weiterhin täglich kleine Fortschritte in Annes Denkfähigkeit und ihrer sprachlichen Kreativität. Sie wird munterer, macht witzige Bemerkungen, fängt wieder an, ein wenig Klavier zu spielen, nimmt mehr und

---

[8] Das Gamma-Knife ist ein Strahlentherapiegerät

mehr am Gemeindeleben teil und wird, von manchen offensichtlichen Gedächtnisschwächen abgesehen, immer mehr „die Alte". Wir sind natürlich sehr, sehr dankbar für diese Entwicklung, sind uns aber auch bewusst, dass sich alles ganz schnell ändern kann. In welche Richtung sich alles ändert, weiß wirklich nur Gott, der ganz gewiss alles immer noch in der Hand hat. Ganz herzlichen Dank auch für alle Mails, Anrufe, Besuche und vor allem für eure Gebete. ...

Mail von einer Kollegin

... Der Kontakt mit dem Palliativteam ist von den Ärzten, die bei der Schwere der Krankheit meinen, euch vorbereiten zu müssen, sicher gut gemeint. Aber sie kennen nicht die Stärke, die dich und deine Familie auszeichnet – es gibt eben nicht nur wissenschaftliche Fakten. Zusammen mit dieser vertrauensvollen Zuversicht, die deine Tochter in sich trägt und die ihr als Eltern ihr stets vermittelt, können jedoch Wissenschaft und medizinischer Fortschritt (wie die Gamma-Knife-Bestrahlung) die positive Entwicklung unterstützen. ...

Mail an Frau Stüben

... Unsere Krankenkasse [ist] nun doch bereit, das PC-Trainingsprogramm *Cogpack* zu finanzieren. Unsere Dusche ist zurzeit im Umbau und der Dreck liegt auch hier oben auf meinem PC. Aber wenn alles fertig ist, ist es bestimmt schön. ...

Anne dachte oft an ihre Freundin. Einmal sagte sie: „Ich weiß gar nicht, ob die Leona noch an Gott glaubt. Wir müssen für die beten! Kann ich auch für Leonas Sünden beten? Ich weiß nicht, ob die das macht."

Ansonsten erstaunte uns immer wieder ihre Dankbarkeit, wenn sie Dinge sagte wie: „Ich bin Gott so dankbar für die Therapeuten ... dass es mir so gut geht!"

Ihre positive Einstellung zeigte sich auch in anderen Situationen. Als wir zu viert im indischen Restaurant waren, wurden wir freundlich begrüßt und gefragt: „Sind Sie alle gesund?"

Anne antwortete spontan: „Ja!"

Rundmail

... Kurz vor Ostern möchten wir uns doch wieder einmal melden. Anne geht es, Gott sei Dank, weiterhin gut. Die Blutwerte sind in Ordnung und die wichtige Gamma-Knife-Bestrahlung hat sie ohne erkennbare Schwierigkeiten überstanden. Ein Termin für ein neues MRT steht noch aus.

Vor einiger Zeit hatte sie mit Schlafstörungen zu kämpfen, [was ein Resultat der erhöhten *Cortison*-Gabe sein könnte], und seit ein paar Tagen ist sie zeitweise sehr schnell erschöpft. Das wiederum kann von der Absetzung des *Cortisons* kommen. In Bezug auf ihr Gedächtnis, ihre Sprachkreativität, ihre Freude am Musizieren und ihre Leistungen bei Gesellschaftsspielen entdecken wir weiterhin Fortschritte, was auch von den Therapeuten bestätigt wird. Es war für uns alle eine große Freude, dass sie an einem Sonntag wieder vorne im Musikteam singen konnte. An einem sonnigen Nachmittag ist sie sogar mit Dennis Fahrrad gefahren, durch die Felder. Beides hat ganz gut geklappt. Gleichzeitig wird bei uns gerade die Dusche behindertengerecht umgebaut und am Vormittag des „Radfahrtages" hatte ich ein erstes Gespräch mit dem Palliativteam in Düsseldorf, wo man mir gegenüber andeutete, dass eine weitere Chemotherapie eigentlich keinen Erfolg verspricht, weil ja schon Progress unter Therapie eingetreten ist. ...

Der innere Spagat bleibt, denn ich muss ja mit den medizinischen und amtlichen Stellen Kontakt aufnehmen, um eine Zeit vorzubereiten, die aus deren Sicht mit Sicherheit kommt. Zum Beispiel fand ich es sehr schwer, als ich plötzlich Annes Behindertenausweis (100 %) in der Post sah. Ich will meine Augen davor auch nicht verschließen. Ich bin innerlich auf alles eingestellt, aber aus unserer Alltagsrealität heraus empfinde ich das alles fast als schizophren. ...

Mittwoch, 7. April 2010

Mail an eine Kollegin

... Wir hatten sehr erholsame Ostertage. Es ist sehr schön, dass Anne in diesen vier Monaten, die sie schon zu Hause ist, von Anfang an mit in die Gottesdienste unserer Gemeinde gehen konnte. Das bringt ihr viel, und sie trifft außerdem Leute, die sie kennt und mag und mit denen sie reden kann. Hier fällt kaum auf, dass sie diese Gedächtnisschwäche hat. Der sprachliche Bereich ist überhaupt nicht betroffen, ihre Vokabeln kann sie alle noch.

Am Ostermontag waren wir alle bei unserer verheirateten Tochter zum Frühstück; das ist bei uns schon Tradition, seit unser Enkel geboren ist. Gestern, am Osterdienstag, hatte Anne ihren 18. Geburtstag. Gott sei Dank ging es ihr so gut, dass sie den ganzen Tag richtig genießen konnte. Nur manchmal hat sie sich zwischendurch aufs Sofa gelegt. ...

Mail an Frau Stüben

... Gestern waren zum ersten Mal eine Ärztin und eine Schwester vom Düsseldorfer Palliativteam bei uns. Sie wollten Anne kennenlernen und hatten dazu auch unsere Hausärztin aus Willich eingeladen, damit sie später auch einen Teil der ärztlichen Versorgung übernehmen kann. Ich hatte dazu noch die Leiterin der ambulanten Kranken- und Seniorenhilfe eingeladen, die ich schon seit vielen Jahren kenne und die wir dann, wenn nötig, dazunehmen würden.

Ich war vor einiger Zeit schon einmal in Düsseldorf und hatte dort mit Frau Dr. Janßen, der leitenden Ärztin, gesprochen. Damit wir mit den Leuten ein bisschen offener sprechen konnten, habe ich es so organisiert, dass Anne nach einer halben Stunde von Mona abgeholt wurde. Das hat ganz gut geklappt. Ich fand das Gespräch recht entspannt und für mich sehr hilfreich, weil es einige Ängste abgebaut hat. Für meinen Mann war es schwieriger, weil er einen ganz anderen Weg hat, unsere Situation zu verarbeiten.

Wir sind so verblieben, dass wir mit Anne, solange es geht, zur Ambulanz der Krefelder Kinderklinik fahren und von dort aus auch mit Medikamenten versorgt werden.

Sie können ruhig immer alles, was ich Ihnen schreibe, auch an Dr. Imschweiler weiterleiten, weil ich in der Ambulanz wenig Möglichkeit habe, mit ihm über solche Dinge zu sprechen, da Anne immer dabei ist. ...

... Anne äußert jetzt mehrere Male täglich, wie dankbar sie Jesus für seine Gnade ist und dass sie es wirklich nicht verdient hätte, in den Himmel zu kommen. Ich sage ihr dann immer, dass niemand von uns es verdient hätte, sonst hätte Jesus ja nicht zu sterben brauchen, und dass es der Heilige Geist selbst ist, der uns das klarmacht. Man merkt richtig, wie das, was sie sagt, aus ihrem tiefsten Herzen kommt. ...

Mai 2010

Gemeindebrief-Artikel von Nihal

Um Christus allein geht es mir. Ihn will ich immer besser kennenlernen und die Kraft seiner Auferstehung erfahren, aber auch seine Leiden möchte ich mit ihm teilen und seinen Tod mit ihm sterben.
Philipper 3,10; Hfa

Als Christus mich vor 29 Jahren gerettet hat, gab er mir den Wunsch, ihn mehr und mehr kennenzulernen. ...

Am 12. August 2009, einen Tag vor meinem 60. Geburtstag, hörte ich die schmerzhafte Nachricht, dass meine Tochter Anne einen Gehirntumor hat. Von dem Tag an ließ Gott es wieder zu, dass ich den zweiten Teil des obigen Bibelverses erlebe, indem ich die Leiden Christi zum Teil kennenlerne.

Als ich meine Tochter leiden sah, konnte ich nachempfinden, wie das Vaterherz Gottes voller Schmerz war, als er seinen Sohn leiden sah. Der Schmerz bei mir war so groß, dass ich die Intensivstation mehrmals verlassen musste. Anne ist damals innerhalb von elf Tagen fünfmal operiert worden. Ich wurde mit der Realität des Leidens konfrontiert wie nie zuvor. ...

Ich erlebte Angst mit Zittern, wenn die Operation länger dauerte, als es geplant war. Ich war voller Angst und spürte meinen Herzschlag, wenn ich das Ergebnis des Befundes hörte. Ich sah alles grau und dachte, es wäre nur ein Traum. Ich betete zu Gott, dass die Krämpfe meiner Tochter wenigstens für eine Stunde aufhören würden und sie schlafen könnte. Aber meine Gebete wurden nicht erhört. Gott schwieg. Etwa eine halbe Stunde lang war ich so verzweifelt, dass ich dachte, ich wäre kein Kind Gottes. Es war grausam, aber das war ein Teil des Leidens Jesu, als er am Kreuz sagte: „Vater, warum hast du mich verlassen?"

In dieser Zeit habe ich gelernt, mit dem himmlischen Vater ehrlich zu reden, ähnlich wie die Psalmisten zu Gott gesprochen haben. Ein großes Geschenk Jesu war für mich, dass mir klar wurde, dass ich nicht schuld bin an diesem Leid. Dieser Frieden gibt mir die Kraft, diese Situation zu ertragen. ...

Anne machte einen Witz über ihr schlechtes Gedächtnis. Ich kam ins Wohnzimmer, als sie gerade mit Daniel irgendeine Schrottsendung im Fernsehen anschaute. Ich sagte: „Macht das doch aus; das bleibt euch irgendwie im Gedächtnis hängen!"

Anne antwortete: „Bei mir nicht!"

Mail von Anne an Frau Bargfeld

... Ich habe mich sehr über Ihre Mail gefreut, die ich gerade gelesen habe. Mir geht es eigentlich ganz gut zurzeit, ich habe nur viel mit Müdigkeit zu kämpfen, da ich auch nachts nicht mehr gut durchschlafen kann. Und ich leide in letzter Zeit auch stark darunter, dass seit der OP mein Gedächtnis sehr schlecht geworden ist und irgendwie nicht besser wird. Mir ist im Moment schleierhaft, wie ich damit mein Abitur bestehen kann.

Mein 18. Geburtstag war ein sehr schöner Tag. Ich war mit meiner Familie morgens frühstücken und am Nachmittag und Abend kamen meine Freunde. So sieht's bei mir zurzeit aus, nichts Besonderes halt.

Vielen Dank, dass Sie mir geschrieben haben. ...

103

Mail an Frau Stüben

... Da mich Herr Dr. Imschweiler nun schon zweimal gefragt hat, ob ich bei Anne weiterhin Fortschritte sehe, würde ich gerne auf diesem Wege einige Gedanken loswerden, die mir so durch den Kopf gehen. Ich hatte beide Male geantwortet, dass meiner Meinung nach nicht mehr solche offensichtlichen Fortschritte in Annes Entwicklung zu sehen seien wie in den Monaten vorher, dass es aber (mit Schwankungen) beides gäbe: erstaunliche Gedächtnisleistungen und auch offensichtliche Gedächtnisausfälle. Da ich jedes Mal bemerkt habe, dass es Anne irgendwie trifft, wenn ich so rede, wollte ich nicht mehr sagen.

Gestern weinte sie kurz, als sie sagte: „Ich werde nicht studieren können, weil ich mit diesem schlechten Gedächtnis ja kein Abitur machen kann!" Gleich darauf konnte sie schon wieder sagen: „Ich bin Gott so dankbar, dass ich diesen Gehirntumor überlebt habe. Das ist wirklich nicht selbstverständlich."

Das zeigt mir einerseits, dass ihr Bewusstsein so weit wacher geworden ist, dass sie solche Gedankengänge überhaupt denken kann. Andererseits fühle ich mich langsam wieder unter dem Druck, mit ihr über ihre Zukunft reden zu müssen, aber dazu fühle ich mich zurzeit überhaupt nicht in der Lage.

Dieser monatelange Spagat zwischen großer Hoffnung (gegenwärtiger Zustand) und negativer Erwartung (medizinische Realität) nervt mich mehr oder weniger unbewusst wohl mehr, als ich dachte. Dabei ist der Alltag mit Anne total einfach, weil sie so lieb und kooperativ ist.

Jedes Mal, wenn ich Kontakt mit dem Palliativteam habe, habe ich den Eindruck, dass von dieser Seite die finale Phase sehr nah erwartet wird. Die dortige Ärztin konnte z. B. überhaupt nicht verstehen, dass die Chemoblöcke noch weitergeführt werden, wo doch schon ein Progress sichtbar war. Dabei bin ich persönlich sehr dankbar, dass Dr. Imschweiler diese Chemoblöcke und alles andere weiterhin verordnet, denn sie bringen Anne ganz offensichtlich sehr viel. Sie hat ja auch die letzten drei Blöcke fast problemlos vertragen und die Blutwerte sind immer noch (mit kleinen Schwankungen) gut. Ich bilde mir ein, beobachtet zu haben, dass in der Zeit kurz vor einem Block stets mehr Rückschritte zu sehen sind, und in der Zeit unmittelbar nach einem Block mehr Fortschritte. Anne hat auch in den letzten Wochen offensichtlich zugenommen. Andererseits beobachte ich, dass kurze Phasen der Müdigkeit und Erschöpfung häufiger werden. Daher kann ich tatsächlich nicht genau sagen, ob ich mehr Fort- oder mehr Rückschritte sehe.

Ich wäre Ihnen dankbar, wenn Sie meine Gedanken an Herrn Dr. Imschweiler weiterleiten würden, weil ich, wie gesagt, sonst keine Gelegenheit dazu hätte. ...

Antwort von Frau Stüben

... Ihre innere Spannungslage kann ich aufgrund dieses Briefes gut nachvollziehen. ... Ich kann mir eine heilpädagogische psychotherapeutische Begleitung bei Anne gut vorstellen. ...

Ich finde es aber zunächst wichtig, Annes momentan guten Allgemeinzustand zu sehen und vor allem zu genießen. Ich freue mich immer, wenn ich sie sehe, und vor allem, wenn ich sehe, wie gut es ihr geht, mit oder ohne Progress. ...

Mail an Frau Stüben

... Für Ihre schnelle Antwort und besonders für Ihr freundliches Angebot bin ich Ihnen sehr dankbar und denke, dass Anne gerne mitmachen wird. Die unterschiedliche Sichtweise der Chemotherapie in Annes Fall war kein Konfliktpunkt, sondern nur eine Nuance, die ich beim ersten Kontakt mit dem Palliativteam wahrgenommen hatte. Es hatte mich schon etwas irritiert, aber ich denke, dass das Palliativteam auch akzeptiert, dass das hier in Krefeld so weiterläuft.

Ich hatte ja schon einmal geschrieben, dass ich die Leute des Palliativteams, die ich beim Hausbesuch dann näher kennengelernt habe, sehr nett finde und ich sehr dankbar bin, jetzt schon zu wissen, dass wir diese Möglichkeit der Betreuung später haben können. Es ist nur einfach so, dass ich deutlich zwei unterschiedliche Perspektiven spüre: Überspitzt und sehr vereinfacht ausgedrückt geht es in der Krefelder Ambulanz darum, das Leben so lange wie möglich zu erhalten, und im Palliativteam darum, den Tod so erträglich wie möglich zu machen. Beides sind natürlich völlig gleichberechtigte Ziele, nur auf verschiedene Zeitspannen bezogen. Zurzeit bin ich einfach froh, dass ich mehr mit der Krefelder Ambulanz zu tun habe. ...

Antwort von Frau Stüben

... Ich glaube, dass sich diese zwei unterschiedlichen Perspektiven nicht ausschließen sollten, sondern dass beide Ziele sich gut ergänzen. Jedes zu seiner Zeit! Ich finde, das Ziel, das Leben so lange wie möglich zu erhalten, ist das Ziel eines jeden Menschen und natürlich auch das von Anne. Dabei spielt für mich die Frage nach der Lebensqualität eine große Rolle und ist von Mensch zu Mensch immer wieder neu zu beantworten.

Das Palliativteam möchte die letzte Lebensphase eines Menschen, die Sterbephase, so erträglich wie möglich machen. Dabei finde ich die Frage nach der Lebensqualität ebenso wichtig. Gerade wenn, wie bei Anne, die Erkrankung nicht mehr heilbar ist, ist es wichtig, über die letzte Lebensphase zu reden, sie so weit wie möglich aktiv zu planen und Wünsche zu formulieren. Dabei können Ängste und Unsicherheiten verringert werden. Gleichzeitig ist es aber auch schwer, darüber zu reden, denn jedes Gespräch darüber verdeutlicht doch die traurige Prognose.

Momentan steht Anne aber im Leben! Es ist zwar nicht das Leben, welches sie vor ihrer Erkrankung lebte, aber sie versucht mit allen Mitteln, ihr Leben wieder zu erobern. Sie spielt wieder Klavier und singt in der Kirche. Es geht bei ihr darum, wie sie ihr Leben weiterhin aktiv gestalten kann, auch wenn es begrenzt sein sollte. Und auch, wenn das Leben in die Sterbephase übergeht, kann sie (und Sie als Familie) es aktiv gestalten, denn auch die letzte Phase im Leben ist eine Lebensphase. Erst danach kommt der Tod eines Menschen und er ist für die Angehörigen nur schwer zu ertragen. Wut, Trauer, Sehnsucht und Verzweiflung nehmen großen Raum ein. Den Tod so erträglich wie möglich machen kann nur begrenzt das Ziel eines Palliativteams sein. Das kann vielleicht nur die eigene Religiosität, der eigene Glaube. Aber dies ist wohl ein ständiger Prozess, der von Höhen und Tiefen gekennzeichnet ist. ...

Mittwoch, 26. Mai 2010

Auf den Vorschlag, wieder Texte ins Tagebuch zu schreiben, weinte Anne: „Ich vergess doch immer alles. Was soll ich denn da schreiben?" Dann wieder: „Ich bin dankbar, dass nur mein Kurzzeitgedächtnis betroffen ist, nicht mein Langzeitgedächtnis." – „Aber irgendwann darf ich doch wieder zur Schule gehen, oder?"

Auf dem Weg zur Ergotherapie kamen wir immer an einem Steinmetz vorbei. Einmal sagte Anne: „So ein Buch als Grabstein finde ich echt schön!"

In diesen Monaten schaffte Anne es noch ohne Probleme, in der Gemeinde während der Sonntagsgottesdienste den Beamer zu bedienen, mit dem die Liedtexte an die Leinwand projiziert wurden.

Mail von Frau Stüben

... Ich glaube, Anne hat es gestern viel Spaß gemacht, mit mir zu reden und zu malen. Sie ist so ein liebes und feinfühliges Mädchen. Neben dem Malen hat sie freudig und lebhaft über ihren damaligen Urlaub in Sri Lanka gesprochen, über ihre Oma und das warme Meer. Ebenso hat sie viel über ihre letzte Gesangsstunde gesprochen. Singen ist für sie wirklich ein wichtiges Ausdrucksmittel. Hätte Anne nicht Lust, regelmäßig Gesangsunterricht zu nehmen? Bei der Organisation kann ich behilflich sein, denn ich kenne einen der Leiter dieser Musikschule. ...

Meine Antwort

... Vielen Dank für Ihr Feedback. Anne hat das Malen wirklich viel Spaß gemacht und sie kommt bestimmt gern wieder. Ich hatte auch schon einmal daran gedacht, mich wieder um eine regelmäßige Gesangsstunde zu bemühen. Vielleicht wäre es tatsächlich hilfreich, wenn Sie dem Leiter der Musikschule den Fall etwas näher erklären könnten. [Es wäre schön, wenn Anne wieder zu Frau Casia Bortnik kommen könnte], weil sie bei ihr schon ein Jahr lang Unterricht hatte. ...

Rundmail

... Lange haben wir nichts von uns hören lassen, weil alles, Gott sei Dank, seinen guten Gang ging und es eigentlich nichts Neues gab. Nach drei Monaten hatten wir gestern endlich mal wieder einen MRT-Termin. Es wird noch eine Woche dauern, bis wir erfahren, was die Professoren der Hirntumor-Studie über diese Bilder denken, aber unser Arzt hat uns schon gesagt, dass ein deutlicher Progress der verbliebenen Tumorzellen zu sehen sei.

Es ist das, was die Ärzte schon lange erwartet und wir insgeheim immer befürchtet haben. Eigentlich geht es Anne weiterhin gut, nur dass sie jetzt häufig sehr erschöpft und müde ist. Der Arzt meint, dies könne auch eine Nebenwirkung der Medikamente sein. Solange Anne die Chemoblöcke so gut verträgt wie bisher, sollen sie weiterlaufen, denn sie hatten stets positive Auswirkungen. In zwei Wochen soll noch ein MRT der Wirbelsäule gemacht werden und auch eine neue Lumbalpunktion, um festzustellen, ob sich schon Tumorzellen im Nervenwasser der Wirbelsäule angesiedelt haben. Auch wenn wir schon fast zehn Monate lang um den Ernst von Annes Erkrankung wissen, trifft uns eine solche Nachricht immer wieder tief. Ihr Wohlergehen während der letzten Monate hat sicher bei jedem Laien gute Hoffnungen geweckt. Auch die Ärzte unserer Klinik, die viel mit Anne zu tun hatten, haben sich über die guten Blutwerte, die fehlenden Infektionen und über ihren ganzen

Allgemeinzustand gewundert, auch wenn sie die bedrohliche Diagnose verständlicherweise immer im Blick hatten.

Wir haben in den vergangenen zehn Monaten sehr schwere und auch sehr gute Zeiten erlebt, haben Gottes Hilfe auf vielfältigste Weise erfahren und sind gewiss, dass er uns auch durch die vor uns liegende Zeit trägt, auch wenn nicht alles nach unseren Wünschen geht. Wir sind weiterhin sehr dankbar für Gebete. ...

Donnerstag, 3. Juni 2010

Mail an eine Bekannte

... Vielen Dank für deine mitfühlenden Zeilen. Wir beten auch für euch wie auch für die anderen Familien, die wir auf der K5 kennengelernt haben. ...

Wir sind überhaupt keine Helden, wir haben oft Angst und fühlen uns manchmal entmutigt. Aber durch all diese Phasen spüren wir immer wieder, dass Gott keine Einbildung ist, keine menschliche religiöse Erfindung, sondern eine reale Kraft und Lebenshilfe. ...

Samstag, 5. Juni 2010

Ganz unvermittelt sagte Anne mit Tränen in den Augen: „Es ist so toll, dass Gott unser Leben in der

Hand hat. – Unglaublich!" – „Ich bin Jesus so dankbar, dass es mir jetzt so gut geht, obwohl ich einen Gehirntumor hatte." ...

Mail an eine Verwandte

... Ich bin auch davon überzeugt, dass es ein Wunder Gottes ist, dass es Anne bis zum heutigen Tag so gut geht, auch wenn die medizinischen Fakten eine andere Sprache sprechen.

Ich persönlich kann die ganze Situation nur ertragen, indem ich Anne völlig in Gottes Hände gebe und mich nicht auf Heilung versteife. Gott hat wirklich den allerbesten Plan, und es genügt, täglich die Kraft anzunehmen, die man für diesen einen Tag braucht. ...

Anne machte sich viele Gedanken, zum Beispiel diese:

* „Ich freue mich schon darauf, Jesus zu sehen!"
* „Ich frage mich, ob wir Gott ähnlich sehen, weil wir ja nach seinem Bild geschaffen sind?!"
* „Denkst du, dass Jesus im Himmel irgendwie menschlich aussieht?"

* „Ich bin wirklich froh, dass ich noch lebe nach dem Gehirntumor!"
* Dann wieder: „Ich hasse es, dass mein Gedächtnis so schlecht ist!"

Montag, 14. Juni 2010

Mail an Frau Stüben

... Anne war, wie immer, total begeistert von der Maltherapie.

[Danke für den Urlaubsprospekt vom Freizeitpark Leukermeer und besonders für das freundliche Angebot des Fördervereins, uns dort einen Urlaub zu ermöglichen.] Heute Morgen habe ich dort angerufen. Für Juli und Anfang August ist leider schon alles ausgebucht, aber in der Woche vom 20. bis 27. August ist noch viel frei, wahrscheinlich weil die dann keine Ferien mehr haben. Wir wissen natürlich nicht, wie es Anne dann geht, aber mit Reiserücktrittsversicherung und ärztlichem Attest kann man gegebenenfalls auch absagen. ...

Antwort von Frau Stüben

... Ich möchte keinen Stress machen, aber jetzt ist Anne einigermaßen fit. Einen Urlaub kann sie gut gebrauchen. Also nix wie weg! ...

Einzelne Kommentare von Anne und weitere Erinnerungen

* „Wart ihr sehr geschockt, als ihr erfahren habt, dass ich einen Gehirntumor habe? ... Ich war ja auch geschockt."

* „Ich bin wirklich froh, dass ich noch lebe nach dem Gehirntumor und dass ich gar keine Behinderung habe!"

* Als wir einmal darüber sprachen, dass wir gar nicht immer alles vorher wissen müssen, wenn wir im tiefen Vertrauensverhältnis zu Gott leben, verstand sie es gut und hatte Tränen in den Augen.

* „Wann darf ich denn endlich wieder zur Schule? Dieses Jahr? Sonst verpasse ich noch ein Jahr!"

* „Nächstes Jahr habe ich dann selbst ein Auto!"

* Sie hatte schon wieder vergessen, dass ihre Freunde kommen wollten. – „Ach ja! Cool! Das ist toll, wenn man alles vergisst, dann freut man sich immer wieder!"

* Anne erzählte weiterhin sehr oft, wie sehr sie sich auf den Himmel freue und wie gespannt sie sei, wie Gott aussieht. – „Dann sehe ich auch die Mama Katrin[9] und dein erstes Baby!"

* „Kann man eigentlich vor Müdigkeit sterben? Ich habe Angst, dass ich heute Nacht sterbe!"

---

[9] verstorbene Ehefrau meines Mannes, Mutter von Dennis und Mona

114

* Einmal googelte sie im PC: „Wie kann ich mich umbringen, ohne dass ich in die Hölle komme?", oder: „Was kann man machen, wenn man dumm ist?"
* Beim Blick auf die Uhr: „Jetzt wär die dritte (Schul-)Stunde vorbei!"

Freitag, 2. Juli 2010

Einzelne Erinnerungen

* Noahs 2. Geburtstag! Anne konnte sogar im Pool schwimmen!
* „Ich bin Gott so dankbar, dass ich wieder Klavier spielen kann nach der OP!"
* „Ich bin so froh, dass ich so eine Schwester wie Mona habe."
* „Ich bin so dankbar, dass Dennis und Daniel meine Brüder sind."

Mittwoch, 14. Juli 2010

Heute konnten wir im Krefelder Klinikum die Neurochirurgin treffen, die Anne damals operiert hatte. Dr. Imschweiler hatte uns dieses Treffen vermittelt, weil sie zu einem Vortrag nach Krefeld gekommen war. Sie freute sich, Anne so zu sehen, und unterhielt sich eine ganze Weile mit ihr über die Therapien, die sie mitmachte, und über Nagellack (!), und sie erklärte uns, dass junge Menschen, die schon viel gelernt haben und einen starken Willen haben, Neues zu lernen, auch trotz dieser Krankheit noch eine gute Zeit haben können. Wir haben uns sehr gefreut, sie wiederzusehen.

Mail an die Klassenpflegschaftsvorsitzende

... wollte Ihnen nur kurz mitteilen, dass ich mich sehr gefreut habe, Sie alle gestern im Abschlussgottesdienst in der Kirche wiederzusehen, und hoffe, dass Sie eine schöne Abschiedsfeier hatten. Besonders möchte ich Ihnen für Ihre außergewöhnliche Einsatzfreude in der Klassenpflegschaft danken, an die ich mich immer gerne zurückerinnern werde. ...

Ihre Antwort

... Vielen lieben Dank für Ihre netten Worte; bin sehr gerührt. Habe die Arbeit sehr gerne gemacht und mich immer sehr über die dankenden Kinder gefreut. Leider sind die vier Jahre schon vorbei. Wir haben, vor allem die Kinder, uns sehr gefreut, Sie wiederzusehen. Sie erzählten noch beim Abschiedsfest davon. ...

Ich wünsche Ihnen und Ihrer Familie alles Liebe und Gute und hoffe, dass sich alles zum Guten wendet. Wir denken viel an Sie. ...

Im Juli machten wir einen Kurzurlaub im Wasserschloss Anholt. Der Förderverein der Kinderonkologie unseres Klinikums hatte uns diese Auszeit ermöglicht: zwei Tage im Wasserschloss Anholt. Anne war begeistert. Einmal sagte sie: „Wenn ich bedenke, dass ich durch meinen Gehirntumor jetzt sogar in ein Schloss komme ...!"

Auf meinen Einwand: „Dann lieber keinen Gehirntumor!" antwortete Anne: „Och, so schlimm finde ich das jetzt auch nicht. Mir sind ja nicht die Haare ausgefallen."

Mail an Frau Stüben

... Heute Nachmittag sind wir wohlbehalten von unserem Kurzurlaub zurückgekehrt und sind alle vier wirklich begeistert davon. Sowohl die Hotelzimmer (mit Hightech-Badezimmern) als auch der Schlosspark waren wunderschön. Anne war die ganze Zeit über gut drauf, hat super geschlafen, gegessen und, soviel sie konnte, mitgemacht.

Einmal sagte sie in dem noblen Restaurant des Schlosses gut hörbar, nachdem sich mein Mann sehr positiv über alles geäußert hatte: „Da kannste echt froh sein, dass ich einen Gehirntumor hatte!"

Wir haben versucht, unser Programm so zu gestalten, dass sie sich immer wieder für eine Weile aufs Bett legen konnte (an der Museumsführung konnte sie allerdings nicht teilnehmen; das wäre zu anstrengend für sie geworden). Dadurch, dass Daniel auch mit war, konnte immer einer bei ihr sein, obwohl das eigentlich auch nicht immer nötig war. Ich habe nämlich festgestellt, dass sie sich auch in dieser wirklich fremden Umgebung recht gut orientieren konnte. Überhaupt war es schön, dass Daniel dabei war, weil er in seiner fröhlichen, lockeren Art ganz wichtig für Anne ist und die beiden sich eigentlich schon immer gut verstanden haben. Das episodische Gedächtnis macht Anne meiner Meinung nach seit einigen Wochen etwas mehr Probleme: „War das nicht gestern?" – „Was haben wir heute gemacht?" ...

Morgen in einer Woche hat Anne ja wieder einen Termin bei Ihnen. Sie freut sich schon darauf. ...

Freitag, 6. August 2010

Mail an eine Nachbarin

... Anne hat sich neulich sehr über den Besuch deiner Tochter gefreut, und ich hatte auch den Eindruck, dass sich die beiden viel zu erzählen hatten. Da wir Anne ja täglich fast rund um die Uhr sehen, würde mich immer sehr interessieren, wie die Gleichaltrigen, die sie nur in Abständen sehen, sie so wahrnehmen – ob sie Fortschritte sehen oder Rückschritte, ob ihnen sonst irgendetwas auffällt usw. Vielleicht gibt es etwas, das deine Tochter dir erzählt hat?

Anne versucht seit einiger Zeit, wieder über E-Mail und SVZ Kontakte aufzunehmen; die Freundinnen antworten auch, aber Anne schaut nicht regelmäßig hinein, vergisst zu antworten oder vergisst, was vereinbart wurde. Daher sage ich möglichst allen, dass sie die Termine besser mit mir absprechen sollen, damit sie nicht enttäuscht werden. ...

Ihre Antwort

... Meine Tochter meint, das Kurzzeitgedächtnis wäre besser, da sich Anne an eine Klassenkameradin erinnerte, die den Führerschein nun auch habe. Auch an andere Kleinigkeiten habe sie sich besser erinnert. Meine Tochter empfindet Anne als ganz normal. Sie habe auch Witzchen gemacht. Sicher sei sie müde gewesen, aber das sei ja klar. Ihre Selbsteinschätzung ist positiv. Sie hat Zukunftsperspektiven, [will sich in Richtung Journalistik weiterbilden]. Sie weiß auch, dass sie das Abi momentan nicht schaffen würde. ...

Also, es hört sich, von außen gesehen, sehr gut an. Wenn du bedenkst, dass sie nun ein Jahr schon so lebt! Aber es geht eigentlich ja bisher nur nach oben. Ich hoffe, das bleibt so. ...

In diesem Jahr fiel mir immer stärker auf, dass sich bei Anne „muntere" und „müde" Phasen mehr oder weniger regelmäßig abwechselten, oft auch unabhängig von Chemophasen. Ca. alle zwölf Tage wechselte ihre Stimmung. Es half mir sehr, das zu erkennen und im Kalender zu notieren, denn vorher hatten mich ihre depressiven Verstimmungen oft verunsichert.

In diesen Monaten vermisste sie offensichtlich mehr ihre Freunde von früher. Ständig war sie der Meinung, dass sie sich mit der oder der gestritten habe und diese deshalb nicht mehr komme. Dabei wurde sie eigentlich in regelmäßigen Abständen von vielen Freunden besucht.

Einmal klagte sie: „Ich will Freundinnen hier in der Nähe haben, zu denen ich gehöre, nicht welche, die mich nur besuchen!" Damit drückte sie wahrscheinlich aus, dass es ihr schon bewusst war, dass sich das Verhältnis zu ihren Freundinnen durch die Krankheit verändert hatte.

Auf ein Zettelchen hatte sie geschrieben: „Ich finde mich uncool und dumm." In diesem Jahr machte sie sich auch noch ständig darüber Gedanken, dass sie keine Gesprächsthemen habe, dass sie nicht wüsste, was sie den Leuten erzählen sollte, und dass die sie langweilig fänden. Später war das für sie gar kein Thema mehr. Gleichzeitig äußerte sie aber immer wieder viele positive und dankbare Gedanken –

über andere Menschen, über Gott und den Himmel, z. B. diese:

* „Ich bin so dankbar, dass ich noch lebe und dass es mir so gut geht!"
* „Wenn ich in die Situation käme, dass ich genau wüsste, dass ich sterben müsste, würde ich, glaube ich, nur beten, dass meine Sünden vergeben werden."
* „Ich bin so froh, dass ich den Gehirntumor habe und nicht der Daniel. Das wäre sehr schwer für mich, das mitzuerleben!"

Anne weinte, als ich ihr erzählte, dass Dennis sehr geweint hatte, als er von der schlimmen Diagnose hörte.

Ende August 2010

Nach dem Kurzurlaub im Wasserschloss Anholt spendierte uns der Förderverein der Kinderonkologie unseres Klinikums einen weiteren Urlaub im Freizeitpark Leukermeer, nicht weit von Venlo.

Einzelne Erinnerungen

- "Ich habe hier hinten so komische Kopfschmerzen. Hoffentlich habe ich nicht einen neuen Gehirntumor!"
- "Ich hätte so gerne Mama Katrin kennengelernt. Ich freue mich schon, sie im Himmel zu treffen."
- Annes E-Mail an eine Freundin aus der Gemeinde: "Was gibt's Neues bei dir? Kannst mir ruhig alles erzählen, ich vergess es eh wieder! Bei mir gibt's nichts Neues, und wenn, dann hätt ich es vergessen."

Mail an eine Bekannte

... Ich denke, die Ärzte haben sich den Krankheitsverlauf bei Anne zunächst auch genauso vorgestellt, denn wir bekamen schon sehr früh alle möglichen Hilfsmittel verordnet, wurden mit dem Palliativteam in Kontakt gebracht und, und, und. Wir sind Gott von ganzem Herzen dankbar, dass im Moment alles noch ganz anders ist, aber mir ist schon bewusst, dass das nicht selbstverständlich ist. ...

Rundmail

... Nach mehr als drei Monaten wollen wir uns endlich mal wieder melden. Annes Arzt war in Urlaub, und so mussten wir warten, bis wir genauere Ergebnisse des MRTs von August bekamen.

Während das Juni-MRT ein deutliches Wachstum der Tumorreste gezeigt hatte, war jetzt im August nur ein ganz geringfügiges Wachstum zu erkennen. Das entspricht auch in etwa dem, was wir im Alltag so beobachten: Es geht Anne weiterhin relativ gut, wofür wir von ganzem Herzen dankbar sind. Wenn sie nicht gerade in einer tiefen Müdigkeitsphase steckt (meist kurz nach dem Chemoblock), liebt sie ihre vielen wöchentlichen Termine: Ergo-, Physio-, Musik-, Maltherapie, Gesangsunterricht, Besuche von und bei Verwandten und Freunden, sogar die Blutbildkontrolle in der Ambulanz des Klinikums.

Die regelmäßige Chemotherapie (alle vier Wochen fünf Tage, jetzt etwas erhöhte Dosis) bringt, wie gesagt, Stimmungsschwankungen mit sich, die wir schon kennen. Wir erkennen immer wieder, dass ihr Bewusstsein weiter erwacht (z. B. in Bezug auf ihre Situation), andererseits gibt es weiterhin auch die bekannten Ausfälle im episodischen Gedächtnis (was war wann, wo, mit wem?).

Hin und wieder vermischen sich bei ihr Wirklichkeit, Traum, Befürchtungen und Wunschdenken. Insgesamt aber danken wir Gott sehr für alle erkennbaren Fortschritte.

123

Der Förderverein der Kinderonkologie unseres Klinikums hat uns zwei Urlaube spendiert: Ende Juli zwei Tage im Wasserschloss Anholt (total luxuriös und interessant) und Ende August eine Woche im Freizeitpark Leukermeer nördlich von Venlo, wo wir in einem kleinen Häuschen gemütlich wohnen und im Park viel unternehmen konnten. Sogar schwimmen kann Anne noch! Sie hat beide Urlaube sehr genossen.

Da mein Vertrag beim Schulamt zum Ende der Sommerferien auslief und ich vorläufig auch keinen neuen bekomme, habe ich in den Ferien mit etwas Wehmut meine persönlichen Sachen aus meinem Klassenraum geholt. Andererseits erfüllt es mich aber auch mit Zufriedenheit, genau zu wissen, dass ich zu dieser Zeit am richtigen Platz bin.

Auch wir als Familie sind von dem Fall „Mirco Schlitter"[10], der inzwischen deutschlandweit bekannt ist, stark betroffen, denn wir kennen ihn und die ganze Familie, die zu unserer Gemeinde gehört, seit Langem. Ich weiß, dass ich damals zu Beginn von Annes Krankheit zu einer Ärztin gesagt habe: „… aber ein Gewaltverbrechen wäre schlimmer!" Für uns Außenstehende ist es nicht vorstellbar, in einer solchen Situation zu stecken, aber wie wir gehört haben, erleben die Eltern von Mirco gerade jetzt auf erstaunliche Art und Weise, was es heißt, von Gott getragen und getröstet zu werden. Das können wir ein wenig nachempfinden. Trotzdem beten wir alle dafür, dass diese Zeit der extremen Ungewissheit bald aufhört. Es ist auch

---

[10] Mirco Schlitter verschwand im September 2010, als er vom Spielen nach Hause gehen wollte. Erst fünf Monate später wurde er gefunden. Er war missbraucht und erdrosselt worden.

Anne ein großes Bedürfnis, zu den allabendlichen Gebets-treffen für Mirco mitzukommen.

Das sind so weit unsere „neuesten Nachrichten". Vielen Dank für alle Anteilnahme, Gebete, Grüße und Nachfra-gen. ...

Anne fuhr mal wieder zusammen mit Daniel mit dem Rad zur Tankstelle, um Kaugummis zu kaufen.

Mail an eine Verwandte

... Anne geht fast jeden Abend mit zur Gebetsstunde für Mirco. Es ist ihr wirklich ein Bedürfnis, und ich glaube, dass sie nicht nur für Mirco betet, sondern auch die geistli-che Atmosphäre genießt. Heute sagte sie: „Ich bin der Ge-meinde total dankbar, dass sie für mich damals auch eine Gebetsstunde eingerichtet hat."

In den letzten Wochen hat sie wieder sehr, sehr oft geäußert, wie sehr sie sich auf den Himmel freut, wie ge-spannt sie schon ist, wie Gott aussieht usw., und das, ob-wohl sie eigentlich noch gar nicht weiß, wie die medizi-nische Diagnose und Prognose ist. Auf der anderen Seite redet sie von Führerschein machen, Schule, Urlaub usw. Es ist sehr spannend zu beobachten. Manchmal denke ich, sie ist wirklich schon mit dem Kopf im Himmel und mit den Füßen auf der Erde. ...

Mail an eine Kollegin

... Wir leben auch von dieser Geborgenheit in Gottes Hand. Trotzdem ist es menschlich, dass einen von Zeit zu Zeit Ängste überfallen und ich fast jeden Tag (und jede Nacht) denke: „Wann wird es sein? Wie wird es sein?" Mein stärkster Trost ist die Gewissheit der Ewigkeit und die Hoffnung, dass ich dann alles verstehen werde, was ich hier nicht verstanden habe. ...

Mail an eine Verwandte

... Wir sind auch sehr dankbar für Annes augenblicklichen Zustand. Ich denke, dass sich Ärzte, Schwestern, Therapeuten und alle, die sie vor einem Jahr gesehen haben, über sie wundern. Ich selbst bin immer hin- und hergerissen zwischen der Hoffnung auf ein Wunder (auf das ich aber nicht festgelegt bin) und den medizinischen Tatsachen (Wachstum der Tumorreste, wenn auch verlangsamt, Prognose).

Anne ist auf der einen Seite so lebensfroh, auf der anderen Seite hat sie jetzt schon 87-mal (!) geäußert, wie sehr sie sich auf den Himmel freut, ohne dass ihr die medizinische Prognose bewusst ist. Für mich macht das irgendwie deutlich, dass sie ihre zeitliche Begrenzung schon ahnt, auch wenn manche Christen in Deutschland und Sri Lanka ganz sicher sind, dass sie geheilt wird. Dann habe ich wieder ein schlechtes Gewissen, dass ich das nicht so glauben kann. Ich muss mich immer wieder „in die Gegenwart zurückholen" und einfach dankbar sein für den jetzigen Zustand. ...

Oktober 2010

Anne war zum letzten Mal mit ihrer Freundin Leona im Kino – von den Gutscheinen, die sie zum Geburtstag bekommen hatte. „Ich bin so dankbar für die Leona. So eine Freundin zu haben, und das schon seit 13 Jahren!", stellte sie fest.

Und sie sagte wie schon so oft: „Ich freu mich schon so auf Jesus, auf den Himmel!", aber dieses Mal mit dem Zusatz: „Aber ich will doch noch nicht sterben." – „Ich bin Gott so dankbar, dass ich noch lebe. Das ist wirklich ein Wunder."

Am 17. Oktober wurde endlich die kleine Noemi geboren, das zweite Kind von Mona und Thorsten. Anne hatte in den Monaten vorher ständig geäußert, wie sehr sie sich auf dieses Kind freue und dass es wie eine kleine Schwester für sie sein würde, die sie sich immer gewünscht hätte. Und heute, als sie mit uns ins Krankenhaus fuhr und sie zum ersten Mal sah, zeigte sie überhaupt keine besonderen Reaktionen. Sie war schon in den Tagen vorher recht apathisch und still gewesen. Ich glaube, sie hat Mona

127

und Thorsten nicht einmal gratuliert. Aber die verstanden das, denn wir kannten ja alle Annes Stimmungsschwankungen.

In der folgenden Woche hatte sie sogar ein paar Mal Kopfschmerzen, und ihr war oft schwindelig, sodass sie oft liegen musste. Einmal musste sie sich sogar übergeben. Nach ein paar Tagen war das aber wieder vorbei. Bei einem Arzttermin in der Ambulanz sagte sie zu Dr. Imschweiler: „Mir ist neuerdings immer so schwindelig. Ändern Sie das bitte!" Sie wurde nach einiger Zeit wieder fitter, genoss das Crêpes-Essen bei ihrer Freundin und äußerte häufig ihre Freude über Noemi.

In dieser Zeit sagte sie oft: „Ich bin so dankbar, dass ich diese Nacht überlebt habe!", oder: „... dass ich noch lebe!" Sie umarmte mich immer wieder und bedankte sich ständig für alles.

Zur Gesangsstunde durfte Anne ihre Lieblings-CD mitbringen (Hillsong), zu der ich das Song-Book gekauft hatte. Von nun an übte sie mit ihrer Lehrerin nur noch Lieder daraus ein, was beiden viel Freude machte.

Für die Gemeinde hatte ich nun einen leichten, zusammenklappbaren Gartenstuhl mit Kopfstütze, verstellbarer Rückenlehne und Armlehnen gekauft, weil Anne beim längeren Sitzen so schnell müde wurde. Den haben wir von da an ständig benutzt und überall mit hingenommen.

Einmal sagte sie zu ihrem Neuropsychologen: „Ihr Kurzzeitgedächtnis ist aber auch nicht mehr so gut, nicht?"

Sommer 2008:
Anne im Garten
unserer Gemeinde

Stadtwaldaktion
2007 oder 2008

ZONE N

Der Sommer wird bunt

MODE Auch wenn das heiße Wetter noch auf sich warten lässt – Zone verrät euch schon mal, was auf jeden Fall in euren Kleiderschrank gehört.

Von Anne Karunaratna

Auch wenn das Wetter es gerade nicht unbedingt vermuten lässt: Der Sommer steht unmittelbar bevor. Da wird es Zeit, sich die neusten Trends in den Schrank zu holen, die sich während der schönsten Zeit des Jahres 2009 sehen lassen können. Eins sollte man sich vorab schon einmal vornehmen: Diesen Sommer gilt es, Farbe zu bekennen!

Eine Trendfarbe darf auf keinen Fall fehlen: korall

Dabei kann es eigentlich jede Farbe sein, eine darf jedoch auf keinen Fall fehlen: korall. Diese Mischung aus rot, rosa und orange kann von Kleidern und Tops über Schals und Taschen bis hin zum Schmuck alles zieren. Zartes Flieder, türkis, lila und ein knalliges Blau, wie zum Beispiel aqua, sind ebenfalls die Trendfarben in diesem Jahr.

Kleider gehören zum Sommer wie eh und je. Wer dazu noch auf üppige Prints und Aufdrucke

steht, der kommt dieses Jahr voll auf seine Kosten. Großflächige, bunte Blumenmuster sind nicht mehr wegzudenken, denn sie sehen bei jedem gut aus und verbreiten zusätzlich noch gute Laune, die zum Sommer einfach dazu gehört. Kurze, abgeschnittene Jeans, die man im Winter mit Strumpfhose getragen hat, kann man natürlich genauso gut auch im Sommer wieder auspacken.

Wer will, darf auch gerne selber zur Schere greifen und die Länge der Shorts, je nach Geschmack, selbst bestimmen. Wer jedoch dem neusten Trend nachjagen will, der besorgt sich am besten eine „moonwashed" Jeans, wie es sie in den 80ern schon einmal gab. Ob als kurze Jeans, lange Röhre oder als Rock – Hauptsache nicht aus diesem Jahrzehnt!

Wer weiterhin einen breiten Taillengürtel auf Oberteilen und Kleidern tragen möchte, der kann dies auch ruhig tun, wobei die schmalere Gürtel-Variante sich immer mehr durchsetzt. Von unseren heiß geliebten Ballerinas

müssen wir auch in diesem Sommer nicht absehen. Wer jedoch etwas mutiger ist, greift zu Keilsandaletten, den Trend-Schuhen Nummer 1, und ist ab sofort auf Kork- oder Holzabsätzen unterwegs.

Ohrringe aus Perlmuttplättchen und goldene Armreifen sind ein Muss

Wenn es um Schmuck geht, bedient man sich am besten an Ohrringen aus Perlmuttplättchen. Die gibt es in zarten Hauttönen, aber auch in bunteren Farben oder sogar mit Tier-Prints. Auch mehrere goldene Armreifen sind gerne gesehen – und gehört.

Für die Jungs gilt in Sachen Farbe das Gleiche, wie für die Mädels: Auftauchen aus den ewigen Grautönen oder dem Schwarz-Weiß! Farbenfrohe T-Shirts und Badeshorts mit Hawaii-Blumen sind angesagt und verbreiten das ultimative Summer-Feeling. Außerdem stellt in diesem Jahr das Karo-Muster alle anderen Aufdrucke in den Schatten. Kariert ist in und darf ruhig oft verwendet werden.

Mit „Ch... ..." den ewigen Dauerbrenn... sicherlich n... besitzt, sir...

Sommer gut bedient. Snea... oder auch gemütliche Espadr... stellen eine annehmbare und... allem sommergeeignete Alte... tive dar. Und wer sich in der l... ten Saison noch keine Pil... brille zugelegt hat, der weiß... testens jetzt, dass diese So... brille mehr hergibt, als blo... Augen zu schützen.

Für wen dies aber alles... ist, dem sei gesagt: Don't w... be Hippie! Ob Junge oder... chen – der Flower-Pow... aus den 70er Jahren übern... Mode und liegt absolut im... Das Peace-Zeichen ist... und verleiht Tüchern, ... oder auch Schuhen das... Etwas. Schals und Tücher... diesem Jahr ohnehin ein... sehenes Accessoire, pepp... Outfit auf. Was bei de... nicht fehlen darf, sind lan... ge Kleider mit den besa... men-Mustern, die... Look erst zu einem sol... chen. Aber Vorsicht:... knöchellangen Kleide... man eine gewisse Grö... sie nicht unvorteilhaft... Schmale Stirnbänder... vollenden den 70er-... Mit diesen Modetren... n...

Stadtwaldaktion 2009. Dieses Bild entstand kurz vor der Diagnose.

Annes Zeitungsartikel; er erschien kurz bevor die ersten Symptome auftraten.

16.9.08

Mein letzter Wille

Hiemit weise ich folgenden Dingen, die mir gehören,
den rechten Platz zu und möchte, dass alles so
befolgt wird, wie ich es hier aufgeschrieben habe
(nach meinem Tode, versteht sich):

Meine bisherigen Tagebücher (3. Schublade der Kommode)
gehen an Mona Verheyen, und zwar alle.
Sie war schon immer die einzige gewesen, die das lesen
durfte. Das Geld auf meinem Sparbuch und dem Giro-Konto
vermache ich komplett Ilse und Nihal Karunaratna.
Fühlt euch nicht verpflichtet, alles zu spenden, sondern
nutzt es für die täglichen kleineren Sorgen des Alltags
(neue Zündkerzen, Klassenfahrt, ...) und für alles, was
euch sonst noch einfällt, verschwendet es aber auch
nicht (viel ist es ohnehin nicht). Bei meiner Kleidung
habe ich kein Lieblingsstück; sucht euch das aus,
was euch gefällt, zuerst Mona und dann meine
engsten Freundinnen, die meiner Größe entsprechen.
Die Verliebt-in-Berlin-DVD-Boxen gehen an
Anna Königshofen. Bei meinen Büchern ist es mir
ebenfalls gleich, wer sie bekommt, außer die
„drei-vom-Brombeerweg"-Reihe, die entweder an
Muriel Schlitter oder meine Mutter geht; wer auch
immer sie bekommt, sie soll in jedem Fall erhalten
bleiben. Das Heft, in das ich einmal Zitate hinein
geschrieben habe, bekommt Thorsten Verheyen
(kleines Spiralbuch). Der oder die Nintendo DS

bekommt Dennis Kirmarim, soweit Interesse besteht. Meinem kleinen Bruder Daniel vermache ich den Fernseher und den DVD-Player.

Alle PIN-Nummern oder Passwörter, die ich je verwendet habe, findet ihr aufgeschrieben, hinter einem losen Brett im Schreibtisch hinter dem Papierkorb.

Ach ja, den Paddy bekommt entweder meine Mutter oder Mona, da sie einmal geträumt hatte, dass sie ihn bekommt, wenn ich nicht mehr lebe. Einigt euch.

Das wäre dann alles. Bitte seid nicht so traurig, ich habe euch sehr lieb und möchte, dass ihr glücklich seid, indem ihr an Gott festhaltet. ~~Freut euch darauf, wenn wir uns wieder sehen~~ und zeigt damit meinem Philosophie-Kurs, dass das Leben doch einen Sinn hat!

In Liebe

Anne Kirmaratine

P.S. Sagt Leona, was für ein wundervoller Mensch sie ist und wie sehr sie mein Leben bereichert hat.

Jesus sagt: „Wenn ihr euch verlassen fühlt, wenn ihr nicht mehr weiterwisst und große Angst habt, dann bitte ich euch: Vertraut mir trotzdem. Denn ich sehe etwas, das ihr nicht sehen könnt. Ich habe diese Welt mit all ihren Gefahren, mit all den bösen Dingen, die es in ihr gibt, sogar mit dem Tod schon längst besiegt. Ich bin ganz nah bei euch, auch wenn ihr mich nicht sehen könnt."

Johannes 16 Vers 33 und
Matthäus 28 Vers 20

„Gebetserinnerungskarte", entworfen von einer Frau aus unserer Gemeinde

April 2010 bei der Osterfeier des Fördervereins; Anne sitzt im Rollstuhl.

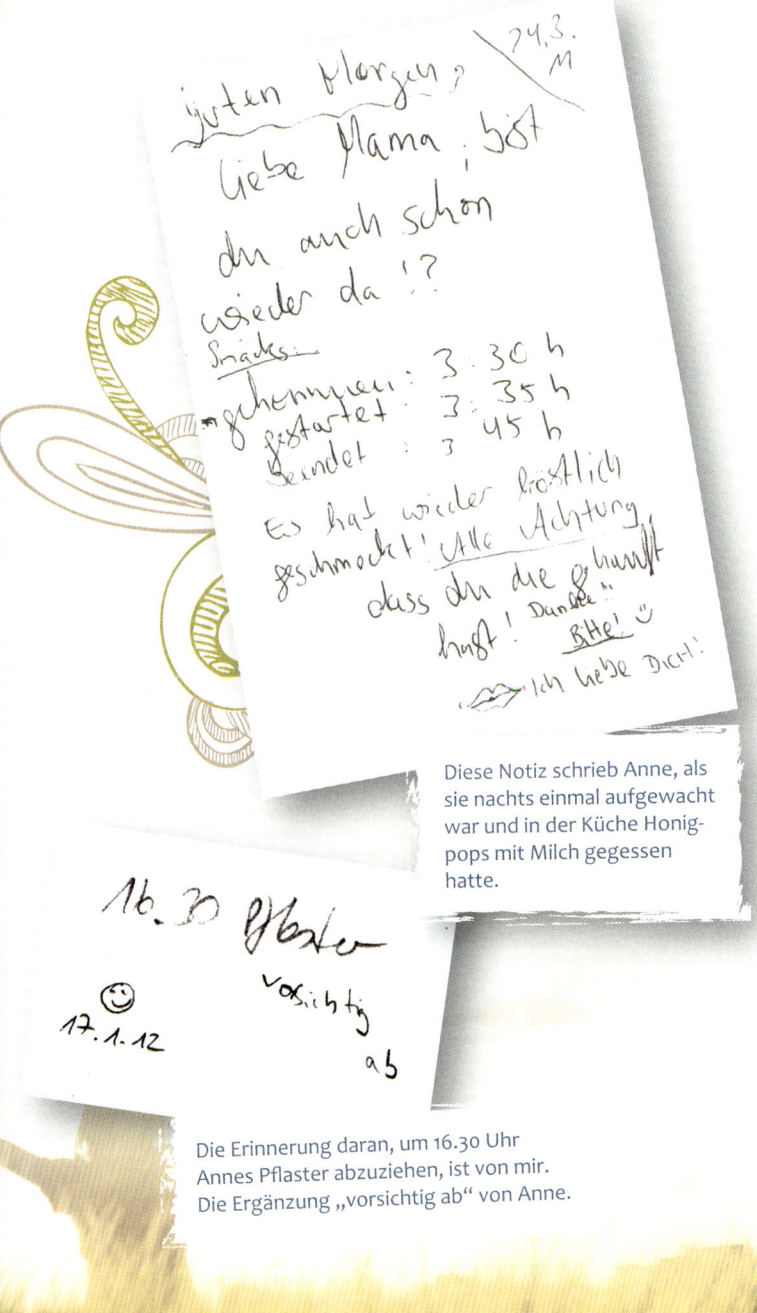

Guten Morgen? 24.3. M

Liebe Mama; bist du auch schön wieder da!?

Snacks:

gehennyen: 3.30 h
gestartet: 3.35 h
beendet: 3.45 h

Es hat wieder köstlich geschmeckt! Alle Achtung, dass du die geschafft hast! Danke!! Bitte! :)
Ich liebe Dich!

Diese Notiz schrieb Anne, als sie nachts einmal aufgewacht war und in der Küche Honigpops mit Milch gegessen hatte.

16.30 Pflaster
vorsichtig ab
☺
17.1.12

Die Erinnerung daran, um 16.30 Uhr Annes Pflaster abzuziehen, ist von mir. Die Ergänzung „vorsichtig ab" von Anne.

Bilder von Anne aus der Therapie bei Frau Stüben

Schutz im Unwetter – Annes Aussage zu dem Bild: „Auch wenn es stürmt, donnert und blitzt, dem Flugzeug wird nichts geschehen."

Spirale – Annes Aussage zu dem Bild: „Eine Spirale ist wie ein Weg. Es gibt ein Ziel."

Die Sonne und das Meer – Annes Aussage zu dem Bild: „Es ist egal, ob es ein Sonnenaufgang oder ein Sonnenuntergang ist. Beides ist wunderschön."

Annes letztes Bild stellt einen Ahornbaum im Herbst dar.

Diese beiden Bilder hat Anne zu Hause gemalt – zu den Themen „Mein Leben" (oben) und „Mein Leben in 100 Jahren" (rechts). Das erste hat sie nie fertig gemalt.

Tagsüber lag Anne meist auf dem Sofa; so war sie immer „mittendrin" im Geschehen. Hier mit ihrer Nichte Noemi.

Bei der Trauerfeier
nach der Beerdigung
meiner Schwester

Beim Onko-Turnier
in Uerdingen

Anne im Pflegebett
in unserem
Wohnzimmer

Schreib mir was

ANNE + MONA
9.7.2012

↳ "ja, was denn?

Schaffst du das noch...

↳ Doch, ich glaub schon

Denkst du, du musst bald sterben?

↳ ja, weil ich so schwach bin

Wäre das ok für dich?

↳ ja, weil ich ja dann

bei Jesus
bin

Schaffst du das noch
bis Papa kommt?

Ja klar!

Monas und Annes
„Unterhaltung" auf
dem Notizzettel

Das letzte Familienfoto.
Oben: Manni, Noah, Dennis,
Daniel, Nihal
Unten: Thorsten, ich, Anne, Mona
und Noemi

Eins der letzten Fotos von
Anne, draußen bei uns im
Garten. Auf ihrem Schoß
sitzt Noemi.

Jesus sagt: Ich bin die Auferstehung und das Leben.
Wer an mich glaubt, wird leben, auch wenn er stirbt.
Johannes 11 Vers 25

Nach geduldig ertragener Krankheit verstarb im Alter von 20 Jahren
unsere Tochter, Schwester, Schwägerin und Tante.

Anne Karunaratna

* 6. April 1992 † 28. Juli 2012

Wir sind sehr dankbar für die wunderschönen Jahre voller Freude,
Liebe und Harmonie, die wir mit ihr verbringen durften.

Ilse und Nihai Karunaratna
Dennis
Daniel
Mona und Thorsten
mit Noah und Noemi

47877 Willich, Frankenseite 21

Der Abschlussgottesdienst mit anschließender Beerdigung findet am
Donnerstag, dem 2. August 2012, um 11.00 Uhr in der
Auferstehungskirche Willich, Krusestraße 20, statt.

Im Anschluss daran laden wir herzlich zum Beisammensein bei
Kaffee und Kuchen ins Evangeliumshaus, Gladbacher Straße 547,
47805 Krefeld, ein.

Anstatt zugedachter Kränze und Blumen bitten wir um eine Spende an den
Förderverein zugunsten krebskranker Kinder Krefeld e.V., Konto Nr. 8888
bei der Sparkasse Krefeld, BLZ 320 500 00, Kennwort: Anne Karunaratna.

Bestattungen Rueben

Annes Todesanzeige

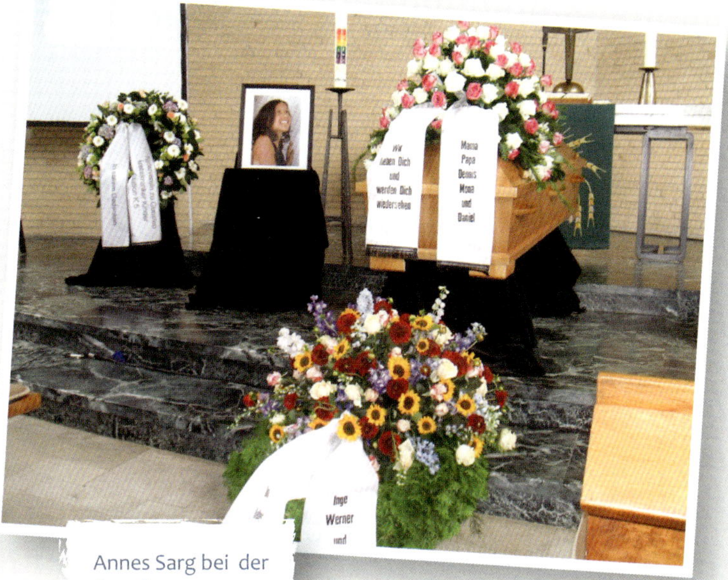
Wir lieben Dich und werden Dich wiedersehen
Mama Papa Dennis Mona und Daniel
Inge Werner und

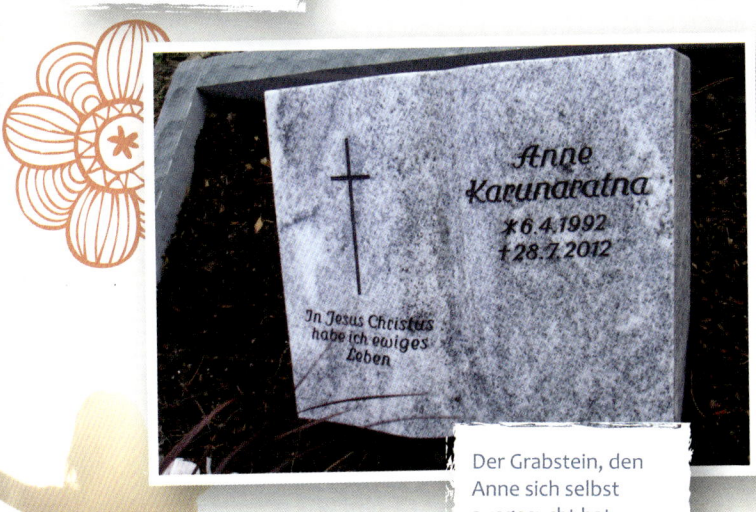

Annes Sarg bei der Beerdigung

Anne Karunaratna
*6.4.1992
†28.7.2012
In Jesus Christus habe ich ewiges Leben

Der Grabstein, den Anne sich selbst ausgesucht hat

Anne Karunaratna

* 06.04.1992 † 28.07.2012

"... Bitte seid nicht so traurig. Ich habe euch sehr lieb
und möchte, dass ihr glücklich seid,
indem ihr an Gott festhaltet ..."
(Auszug aus Annes Testament vom 16. 9. 2008)

Herzlichen Dank sagen wir allen, die
mit uns fühlten, uns Trost in Wort und
Tat spendeten und mit uns von Anne
Abschied nahmen.

Mit Erstaunen haben wir
festgestellt, wie viele positive
Spuren Anne in ihrem jungen
Leben hinterlassen hat.

Unser Dank gilt auch allen, die uns
über die drei schweren Jahre hinweg
mit großer Hilfsbereitschaft begleitet
haben.

Familie Karunaratna   Familie Verheyen

Danksagung

„Ich werde Gott fragen,
wenn ich im Himmel bin.
Da freu ich mich schon drauf."

Anne Karunaratna

Rundmail

... Hier nur einige kurze Informationen, die uns einige Besorgnis bereiten: Am 11. November wurde bei Anne wieder ein MRT gemacht. An den Rändern des Haupttumors in der Mitte war wieder nur geringfügiges Wachstum zu erkennen, aber es gibt zusätzlich zwei neue Metastasen, etwa 2–3 cm groß. Außerdem ist in der kurzen Zeit seit dem August-MRT eine etwa 4 cm große Zyste entstanden, die schon jetzt hin und wieder starke Kopfschmerzen verursacht. Diese Zysten gehören mit zum typischen Erscheinungsbild des *Glioblastoms.*

Sie soll wahrscheinlich recht bald punktiert werden, um den Druck zu vermindern. Wann und wo das geschehen soll, wird in nächster Zeit entschieden. Mir war zwar in letzter Zeit aufgefallen, dass Anne noch mehr Zeit zum Ausruhen brauchte und dass sich ihr Antrieb weiter verringert hatte, aber solch ein schlechtes Untersuchungsergebnis würde man ihr eigentlich auch jetzt noch nicht anmerken.

Es sind weiterhin Fortschritte im Bewusstsein und in der Gedächtnisleistung zu erkennen, sie freut sich an allem und ist dankbar für alles und macht auch gerne spontane witzige Bemerkungen. Sie hat sich auch, wie wir alle, über ihre neue kleine Nichte Noemi sehr gefreut, die am 17. Oktober geboren wurde. Sie ist unser zweites Enkelkind, Tochter von Mona und Thorsten, Schwesterchen von dem zweieinhalbjährigen Noah. Wir haben trotz allem

130

sehr viel Freude an unserer Familie. Jetzt können wir wieder täglich üben, alles Schwere an Gott abzugeben und ihm zu vertrauen, dass er uns in jeder Situation die Kraft gibt, die wir brauchen. Das haben wir ja auch schon mehrfach erlebt, aber es ist nicht einfach. ...

Mittwoch, 3. November 2010

Mail an eine Verwandte

... Als ich Anne von einem Baby erzählte, das mit unterentwickelten Nieren geboren wurde, nahm sie sich direkt einen Zettel und notierte sich dieses Anliegen, damit sie immer dafür beten kann. Sie entwickelt ihre Strategien gegen das Vergessen.

Am 11. November ist Annes nächstes MRT. Der Arzt ist bisher sehr zufrieden mit ihr (Blutbild, Reflexe usw.). Sie ist so unglaublich positiv. In letzter Zeit sagt sie oft: „Ich bin Gott so dankbar für den Gehirntumor (!!!). Ich habe so viele nette Leute dadurch kennengelernt und mache so viele interessante Dinge!" (womit sie ihre Therapien meint). Sie macht Zukunftspläne und sagt dann plötzlich, wie sehr sie sich auf den Himmel freue. Heute sagte sie unvermittelt, dass sie nicht sicher sei, ob sie unsere Silberhochzeit noch erleben werde, fünf Jahre seien ja schließlich ziemlich viel! Und das alles sagt sie völlig fröhlich und positiv. ...

Ich unternahm mit Anne einen Besuch in ihrer alten Schule, weil Lisa, eine Lehrerin, die auch bei uns in der Gemeinde ist, gerne wollte, dass Anne den Schülern ihrer Klasse eine bestimmte Melodie auf der Harfe vorspielte. Es war für uns beide sehr schön, denn ich sah einige ehemalige Schüler von der Grundschule wieder. Ein weiterer Lehrer und eine Lehrerin kamen extra dazu, weil sie gehört hatten, dass Anne da sei. Anne wusste immer noch, dass diese Lehrerin nach ihrer Heirat jetzt einen anderen Namen hatte, und begrüßte sie korrekt! Anfangs hat das Vorspielen sehr gut geklappt, beim häufigeren Wiederholen ließ die Konzentration etwas nach. Aber alle Schüler klatschten, sodass Anne sich sehr freute.

Anne hatte auch im November immer noch hin und wieder Kopfschmerzen und Schwindel. Das kam bestimmt von der großen Zyste, die bald punktiert werden sollte. Psychisch war sie aber sehr gut drauf, manchmal fast überdreht, bedankte sich ständig, äußerte sich dauernd positiv über alles und schrieb mir viele Liebes- und Dank-Zettelchen. Einmal sagte sie sogar: „Ich bin schon so gespannt auf Gott! Eigentlich freue ich mich schon darauf zu sterben."

An einem Wochenende schlief ein Freund bei Daniel, und ich ermahnte die Jungs, leise zu sein, damit Anne schlafen könnte: „... sonst komme ich und dreh euch den Hals um!" Darauf Anne: „Ja, und ich komme auch und dreh in die andere Richtung!"

Manchmal sagte sie auch peinliche Sachen, weil sie langsam die Distanz verlor. Aber die Leute hatten stets viel mehr Verständnis dafür als ich.

Dienstag, 23. November 2010

Mail von Frau Bargfeld

... So traurig es auch ist, dass der Tumor einfach nicht aufgeben will, so schön ist es doch zu hören, dass Anne das Leben zu genießen scheint. Ich habe mich gefreut, dass sie auf Facebook aktiv ist und dort mit verschiedenen Leuten schreibt. Mich hat sie auch als „Freundin" angefragt. Daraufhin habe ich ihr sehr erfreut eine Mail geschrieben. Leider hat sich in ihrer kurzen Antwort gezeigt, dass sie gar nicht wusste, wem sie antwortete. Aber ich hatte zumindest das Gefühl, dass es ihr gut geht und dass sie sehr positiv gestimmt ist. Das ist doch das Wichtigste! ...

Meine Antwort

... Ich habe mitbekommen, dass Anne verschiedenen Leuten bei Facebook geantwortet hat. Daniel hat es ihr neu eingerichtet; sie hatte ihr Passwort vergessen. Dadurch sind in zwei Tagen etwa 80 Mails gekommen, und sie war bestimmt damit überfordert, das alles zu überblicken. Sie surft zwar ganz gerne mal im Internet, aber ihre Mails, die Nachrichten bei SVZ oder Facebook zu beantworten, fällt ihr recht schwer. Ich fürchte, dass sie schon ganz vielen Leuten überhaupt nicht geantwortet hat, weil sie schon recht bald vergisst, wem sie schon geschrieben hat und wem nicht. ...

Mail an eine Verwandte

... Wir waren auch erst mal geschockt über das MRT-Ergebnis, obwohl wir auf so etwas ja immer gefasst sein müssen. Am Samstag bekam ich dann einen Anruf von der Klinik, dass die Studie nun entschieden hat, dass Anne von jetzt ab sechs Wochen lang jeden Tag Chemotabletten nehmen soll, aber die Hälfte von der Dosis, die sie sonst nimmt.

Da war ich wirklich erleichtert, denn sie verträgt sie recht gut und sie haben ihr auch immer gutgetan. Gott sei Dank hat sie in den letzten Tagen keine Kopfschmerzen mehr gehabt, so schlimm kann der Druck der Zyste also noch nicht sein. Dadurch, dass es ihr relativ gut geht und sie so positiv ist, haben wir auch wieder gut in den Alltag zurückgefunden nach dem Schock. ...

Mail an Frau Bortnik
(Annes Gesangslehrerin)

... Mona hat mir Ihre E-Mail-Adresse gegeben, ich hoffe, Sie haben nichts dagegen. [Ich wollte] Ihnen kurz mitteilen, wie es Anne zurzeit geht. Sie vermischt in letzter Zeit sehr häufig Traum, Wünsche, Befürchtungen und Wirklichkeit. Bei sehr vielen Begebenheiten denkt sie, das habe sie doch schon einmal erlebt. ...

Die große Zyste soll möglichst nächste Woche in Köln in der Uniklinik punktiert werden, aber einen genauen Termin haben wir noch nicht. Vielleicht sind wir am Montag zur Gesangsstunde noch da. Dieser Tumor ist leider so; das hatte man uns von Anfang an gesagt. Eigentlich ist es ein Wunder, dass es Anne so lange so gut ging. Wir wissen noch nicht, wie es in nächster Zeit weitergeht, aber wir halten Sie auf dem Laufenden. ...

Antwort von Frau Bortnik

... Ich danke Ihnen, dass Sie mir schreiben. Ich verbinde auch alle Veränderungen in Annes Verhalten mit der Krankheit. Mir tut es sehr leid, aber ich finde es unglaublich toll, dass sie die ganze Zeit so viel Spaß hat in der Gesangsstunde! Das ist für mich als Gesangslehrerin einfach großartig. Ich würde mich freuen, wenn wir uns am Montag sehen könnten, ansonsten hoffe ich, dass Anne nicht

135

viel leiden muss bei den nächsten Eingriffen. Bitte fühlen Sie sich frei, mir zu schreiben oder mich anzurufen. ...

Anne sagte wieder einmal: „Ich bin schon so gespannt auf Gott. – Eigentlich freu ich mich schon darauf zu sterben." Auf meine vorsichtige Frage, ob sie sich vorstellen könnte, wann das sein könnte, meinte sie verwundert: „Nein, du?"

Brief an eine Kollegin

... Mitte Februar werde ich von der Krankenkasse ausgesteuert und muss Arbeitslosengeld oder Erwerbsminderungsrente beantragen. An einen beruflichen Wiedereinstieg ist zurzeit nicht zu denken, weil sich Annes Zustand leicht verschlechtert hat. ...

Das Leben hier ist nicht alles. Wir als Christen haben eine wunderbare Hoffnung über den Tod hinaus, für immer bei Gott zu sein, ohne Krankheiten, Schmerzen, Probleme ...

Für uns ist es ein sehr großer Trost, dass Anne diesen persönlichen Glauben schon in jungen Jahren als ihre eigene Überzeugung angenommen hat. Sie hat jetzt durch ihre Amnesie schon viel vergessen, aber diese Gewissheit des

Lebens nach dem Tod ist total lebendig in ihr und sie äußert sie auch immer wieder. Dabei ist ihr, soweit wir es erkennen können, gar nicht bewusst, dass ihre Zeit begrenzt ist. ...

Mail an eine Verwandte

... Anne hat keine Angst vor dem Krankenhaus, sie überblickt natürlich die Sache auch nicht; muss sie auch nicht. Das mit der reduzierten Chemodosis klappt gut, denn gegen zwei Tabletten hat sie nicht solch eine Aversion wie gegen vier. Inzwischen haben wir im Arztbrief gelesen, dass zusätzlich auch die Hirnhäute von Tumorzellen befallen sind. Irgendwie schockt mich schon gar nichts mehr. Das hängt sicher damit zusammen, dass es Anne im Alltag so gut geht. ...

Dienstag, 14. Dezember 2010

Im Krankenhaus der Kölner Uniklinik, wo das Rickham-Reservoir zur Punktierung der Zyste eingebaut werden sollte, fragte Anne den aufnehmenden Arzt: „Wie hoch ist die Wahrscheinlichkeit, dass ich das überlebe?"

Als er ihre personale Orientierung testete, fragte sie zurück: „Und, wie viele Geschwister haben Sie?"

Die OP verlief ohne Probleme. Ich durfte mit in Annes Zimmer schlafen, Nihal hatte durch einen Bekannten ein Gästezimmer im Gebäude der Labor-Werkstatt der Uniklinik, nicht weit von unserem Gebäude.

Nach der OP war Anne besonders überdreht und sie redete noch mehr Quatsch als sonst. Der Arzt meinte, dass das von der Narkose kommen könnte. Es ließ nach einiger Zeit auch wieder nach.

Freitag, 17. Dezember 2010

Mail an eine Bekannte

... Heute sind wir von Köln zurückgekommen und Anne hat alles zur Zufriedenheit überstanden. Die Flüssigkeit, die der Zyste entnommen wurde, wird noch untersucht. Es ist jedoch klar, dass es ein Bestandteil des Tumors ist. Wir wissen, dass medizinisch gesehen alle diese Aktionen nur aufschiebende Wirkung haben, und dennoch freuen wir uns über jeden Tag. ...

Sonntag, 19. Dezember 2010

Rundmail

... Kurz vor Weihnachten möchten wir uns noch einmal melden. Vom 14. bis 17. Dezember waren Nihal und ich mit Anne in der Kölner Uniklinik, wo die große Zyste in Annes Kopf punktiert wurde. Dieser Eingriff ist ohne Komplikationen und wie geplant verlaufen und sie hat alles gut überstanden. Dafür sind wir sehr dankbar. Sie war hinterher recht schnell wieder fit und konnte sogar schon am Tag nach der Entlassung an der Pfadfinderweihnachtsfeier teilnehmen und am gleichen Abend sogar noch am ersten Auftritt unserer neu gegründeten „Gemeinde-Band", in der unter anderem unsere Mona gesungen und unser Daniel Schlagzeug gespielt haben. Beide Veranstaltungen hat Anne sehr genossen. Auch wenn bei ihr die Phasen der Verwirrtheit häufiger und stärker zu werden scheinen, ist doch ihre Freude an Familie, Freunden, Gemeinde, Therapien usw. immer noch genauso groß wie früher.

Wir blicken sehr dankbar auf das vergangene Jahr zurück. Wir hatten eine wunderschöne intensive Zeit mit Anne und mit der ganzen Familie. Immer wieder möchten wir unseren Dank ausdrücken für die vielfältigen Hilfen, für die beständigen Gebete sowie für die gute Betreuung durch Ärzte und Therapeuten. Wir verschließen nicht die Augen vor den Ergebnissen der medizinischen Untersuchungen, die einen deutlichen Tumorprogress bescheinigen, aber wir sind gewiss, dass der Gott, der uns im vergangenen Jahr in jeder Situation Kraft gegeben hat, uns auch durch die vor uns liegende Zeit tragen wird.

Wir wünschen allen friedliche und besinnliche Weihnachtstage und ein gesegnetes neues Jahr! ...

Mail an eine Bekannte

... Ich möchte dir an dieser Stelle noch einmal besonders danken, dass du dich so um Anne bemühst und ihr sogar einen neuen Ring besorgt hast. Es tut mir leid, dass sie gesagt hat: „Den alten fand ich aber schöner." Es ist jetzt schon seit drei, vier Wochen oder noch länger so, dass sie viele unüberlegte, manchmal auch verletzende oder ungehörige Dinge sagt, von denen sie dann später noch nicht einmal mehr etwas weiß, oder dass sie einfach nicht mehr erkennt, warum man manches nicht sagen sollte. Für mich ist es sehr schwer anzunehmen, dass sie nach und nach ihren Verstand zu verlieren scheint. Ich könnte noch viele andere Geschichten zu diesem Thema erzählen, meist noch viel schlimmere. Wir müssen uns alle darauf einstellen. Auf der anderen Seite ist es aber weiterhin so, dass sie sich riesig über alles freut und dankbar für alles und jeden ist. Auch ihre Beziehung zu Gott ist unverändert. Das tröstet mich natürlich. ...

Anne hatte schon so oft *Pentacarinat* inhaliert (alle vier Wochen als Ersatz für ein Antibiotikum, das sie nicht schlucken konnte), aber heute hatte sie zum ersten Mal eine allergische Reaktion in Form eines

Asthmaanfalls. Das war auch der einzige, denn vor den folgenden Inhalationen bekam sie dann stets Asthmaspray. Ich konnte die Symptome zuerst gar nicht deuten, aber die Krankenschwester rief sofort Dr. Imschweiler, der ihr das Spray gab.

In diesen Tagen meldete Daniel sich in der Fahrschule an. Anne meinte dazu: „Dass der Daniel jetzt Fahrschule macht, finde ich schon schwer!" Der Führerschein war ein ganz wichtiges Ziel für sie gewesen. Sie hatte sich kurz vor Ausbruch der Krankheit einen Job gesucht und auch vorher schon fleißig dafür gespart. Auch in der Krankheitszeit hatte sie immer vom Führerschein geredet. „Der Daniel hat den Führerschein vielleicht eher als ich!"

Bei irgendeiner Gelegenheit sprachen wir über den Tod meiner Eltern, die im Abstand von fünf Jahren beide mehr oder weniger an Altersschwäche gestorben sind, also einen leichten Tod hatten. Daraufhin sagte Anne: „So möchte ich auch einmal sterben!"

Ab Januar machten sich bei Anne die Schluckstörungen bemerkbar, die im Laufe der nächsten Monate immer stärker wurden. Trinken wurde dadurch sehr problematisch, Essen schien kein Problem zu sein.

Wenn sie morgens und abends das *Trileptal* schlucken musste, nahm sie immer sicherheitshalber den Eimer dazu. Weil sie sich schon so lange nicht mehr übergeben hatte, sagte ich: „Den brauchst du doch gar nicht. Du magst das *Trileptal* doch so gerne."

Sie erwiderte: „Ich mag aber auch den Eimer sehr gerne!"

Mail an eine Nachbarin

... Wir hatten ein ganz ruhiges Silvester. Ein befreundetes Ehepaar aus unserer Gemeinde war da und wir hatten eine gute Zeit. Anne hat zwischendurch auf der Couch etwas geschlafen und wollte dann um 24.00 Uhr unbedingt draußen die Raketen sehen.

Daniel war mit den Pfadfindern unserer Gemeinde in Rumänien. Sie hatten, wie jedes Jahr, Schuhkartons mit Geschenken für arme Kinder gepackt, die sie dann vor Ort verteilen durften. Er war sehr geschockt, was für eine Armut so relativ nah bei uns sein kann.

Anne geht es weiterhin relativ gut. Sie ist jetzt im zweiten sechswöchigen Chemoblock und verträgt alles, Gott sei Dank, gut.

Wir genießen unsere Enkelkinder sehr. Noah ist jetzt zweieinhalb Jahre alt, redet ununterbrochen und ist für sein Alter feinmotorisch sehr geschickt. Noemi ist zweieinhalb Monate, ein richtiger Wonneproppen, schläft vorbildlich und lächelt dauernd, wenn man sie anspricht. Ich finde, dass Mona und Thorsten ihre kleine Familie sehr gut managen. ...

Mail an eine Verwandte

... Ja, trotz der Erleichterung über die Beendigung der Ungewissheit sind wir jetzt alle stark betroffen von Mircos Tod. Man darf sich diese letzten Stunden wirklich nicht vorstellen. ...

In der Gemeinde haben wir nach kurzer Pause wieder regelmäßige Gebetsstunden, in denen wir für die Familie Schlitter und auch für den Täter und seine Familie beten. Anne betet weiter gerne mit. Sie hat zwar vordergründig alles verstanden, aber die ganze Wucht der Ereignisse trifft sie nicht, genauso wenig, wie sie das ganze Ausmaß ihrer Krankheit versteht. ...

Mittwoch, 9. Februar 2011

Anne nahm sehr aufmerksam an der Beerdigung von Mirco Schlitter teil. Als wir mit dem Rollstuhl nicht so gut über ein Rasenstück fahren konnten, lief sie ein Stück und stand auch recht lange.

Insgesamt fiel aber mit der Zeit auf, dass ihre Bewegungen schwerfälliger wurden, besonders beim Hinsetzen und Aufstehen.

143

Mail an Frau Stüben

... Da ich in Annes Gegenwart sehr ungern darüber spreche, was alles schlechter geworden ist und was sie nicht mehr so kann, wollte ich Sie bitten, Dr. Imschweiler die folgenden Beobachtungen weiterzugeben. Er hatte mich vorigen Donnerstag gefragt, ob ich irgendwelche Rück- oder Fortschritte beobachtet hätte, und ich hatte es verneint. Da Anne zu dem Zeitpunkt noch in der sehr „müden Phase" war, in der sie für gewöhnlich sehr wenig redet, dafür aber recht vernünftig und klar, stimmte es vielleicht auch. Jetzt ist sie seit ein paar Tagen wieder in dieser „munteren Phase", in der sie sehr viel redet, viele Fragen stellt, die beweisen, dass sie nicht nachgedacht hat, und wo viele ihrer Äußerungen zeigen, wie sehr sich Realität, Traum oder Wunschvorstellungen vermischen. In dieser Zeit ist ihr Kurzzeitgedächtnis wesentlich schlechter und sie fragt viele Male täglich dasselbe. Man muss sie ständig daran erinnern weiterzumachen, egal, ob es sich nun um Waschen, Anziehen, Essen, Trinken oder andere Aktivitäten handelt.

Von einem auf den anderen Moment kann sie aber andererseits auch einen sehr guten Appetit entwickeln. Paradoxerweise kann sie gleichzeitig extrem schlecht trinken und wesentlich schlechter Tabletten schlucken als in der „müden Phase".

Manchmal ist sie nachts für zwei bis drei Stunden hellwach und voll „aufgedreht", räumt irgendwelche Sachen aus und kann hinterher nicht mehr sagen, warum. Die

Zeit fehlt ihr natürlich am nächsten Tag und sie schläft dann mehrmals auf dem Sofa ganz tief ein. Heute meinte ihre Ergotherapeutin, dass sie generell eine Verschlechterung der Gedächtnisleistung beobachtet hätte, ebenso wie eine deutliche Verlangsamung der Motorik. Da sie Anne nur einmal pro Woche sieht, fällt ihr das wahrscheinlich deutlicher auf als mir, weil ich ja auch die vielen extremen Schwankungen mitbekomme. Plötzlich weiß Anne dann, wer ihr vor über einem Jahr im Krankenhaus ein bestimmtes Buch geschenkt hat, oder kann fast alle englischen Texte der CDs, die sie in ihrer Krankheitszeit bekommen hat, mitsingen. Für uns ist auffällig, dass es ihr deutlich schwerer fällt, sich hinzusetzen und vor allem aufzustehen. Dabei stützt sie sich meist mit Mühe ab. Ich weiß aber nicht, ob das aus dem Fortschreiten ihrer Krankheit resultiert oder daraus, dass Anne generell wenig Muskeltraining hat.

Die beiden sechswöchigen Chemophasen hat Anne ohne Probleme vertragen. Ob irgendwelche Beobachtungen doch auf Nebenwirkungen zurückzuführen sind, kann ich natürlich nicht beurteilen. Vielen Dank fürs Weiterleiten. ...

Mittwoch, 2. März 2011

Mail an eine Freundin

... Es macht Anne wohl ein bisschen zu schaffen, dass ihre Klassenkameraden jetzt Abitur machen, was sie auch so gerne wollte. Als ihr das vor einigen Tagen wieder bewusst wurde, äußerte sie, dass sie darüber traurig sei. Ich wusste nicht gleich, was ich dazu sagen sollte, und meinte nur: „Ja, das finde ich auch wirklich traurig. Ich weiß auch nicht, was Gott sich dabei gedacht hat."

Darauf Anne: „Ich werde Gott fragen, wenn ich im Himmel bin. Da freue ich mich schon drauf!" Damit war für sie die Angelegenheit schon wieder erledigt. Es war kein bisschen Wehleidigkeit oder Bitterkeit dabei. Ich war total beeindruckt, wie leicht sie dieses Problem gelöst hat. Wir können bestimmt viel von Anne lernen. ...

Samstag, 5. März 2011

Eine kleine Begebenheit erschreckte mich sehr. Ich hatte Anne geduscht und hatte anschließend den Eindruck, als sei sie für einen kurzen Moment ohnmächtig geworden (Kreislaufschwäche?). Für die gleiche kurze Zeit war auch ihr Mund ganz schief. Sie hatte mich die ganze Zeit dabei angeguckt, war auch, bis auf diesen Moment, ansprechbar. Danach war sie sehr müde und schlief eine Weile auf der Couch. Hinterher war ihr nur etwas schwindelig, aber sie konnte normal sprechen und auch essen. Seit einiger Zeit fiel häufiger auf, dass ihre linke Hand stark klammerte, sobald ihre Finger etwas berührten.

Rundmail

... Nach langer Zeit (über drei Monate) wurde bei Anne wieder einmal ein MRT gemacht. Es zeigt erstaunlicherweise nur geringfügiges Tumorwachstum, was nicht sehr typisch für diesen Tumor ist. Es sind keine neuen Metastasen entstanden und auch der Tumorbefall der Gehirnhäute wurde nicht bestätigt. Nur die Zyste, die im Dezember in Köln punktiert wurde, ist wieder prall gefüllt und muss neu punktiert werden, was sich trotz des „eingebauten" Zugangs als schwierig erweist.

Anne scheint sehr gut auf die orale Chemotherapie *(Temodal)* anzusprechen. Zurzeit bekommt sie den dritten Sechs-Wochen-Block, mit jeweils einer Woche Pause dazwischen. Sie verträgt dieses Medikament auch sehr gut, ist nur zeitweise sehr müde. Demnächst soll noch ein neues Medikament *(Cilengitide)* eingesetzt werden, das die Blutversorgung der Tumorzellen stoppen soll. Es ist noch in der Erprobungsphase, aber wohl recht erfolgreich. Anne hat zwar nach wie vor ein ziemlich schlechtes Kurzzeitgedächtnis, aber trotzdem eine sehr gute Lebensqualität, d. h. sie freut sich weiterhin an allem. Wir sind sehr dankbar für diese Entwicklung.

Ich brauche sicher nicht extra zu erwähnen, dass es trotzdem nicht immer einfach ist, die unterschwellig permanent vorhandene Anspannung immer wieder abzugeben. Aber es funktioniert, und so können wir ehrlich sagen, dass es uns mit Gottes Hilfe gut geht.

Am Sonntag, dem 17. April, wird übrigens unser zweites Enkelkind Noemi im Gottesdienst gesegnet. Sie ist dann schon ein halbes Jahr alt. (Wie die Zeit vergeht!) Wir haben sehr viel Freude an Noah und Noemi und sind dankbar, dass wir auch Zeit für sie haben.

Wir wünschen allen ein gesegnetes Osterfest! ...

Freitag, 1. April 2011

Mail an ein befreundetes Ehepaar

... Den Begriff „Wunder" hat von unseren Ärzten und Therapeuten noch niemand verwendet, aber trotzdem wundern sich alle über Annes Entwicklung. Bei diesem Tumor wäre es der normale Verlauf gewesen, wenn Anne nach knapp einem Jahr verstorben wäre, wie es leider öfter geschieht. Trotzdem fällt es mir sehr schwer, von einem Wunder zu reden. Der Progress des Tumors ist zwar sehr langsam und geringfügig, aber er ist beständig da. Im Alltag erlebe ich Annes Amnesie, ihre körperliche Schwäche, und die Notwendigkeit der fast lückenlosen Betreuung. Ich will damit nicht sagen, dass sie schwierig ist, nein, sie ist sehr „pflegeleicht". Manchmal denke ich, dass Anne wie ein ganz liebes Kind im Grundschulalter ist. [Der Vergleich ist, glaube ich, ganz treffend.] ...

Annes 19. Geburtstag! In dieser Zeit war gerade meine Schwester Traute für zwei Wochen bei uns, weil mein Schwager Jacques wegen einer geplanten Knie-OP im Kempener Krankenhaus lag. Als Jacques bei mir anrief, um Anne zum Geburtstag zu gratulieren, sagte Anne am Ende des Gesprächs: „Und grüß die Traute schön!" (!)

Am Vormittag kamen Mona, Manni und die Kinder. In der Mittagszeit brachte Frau Stüben einen schönen Strauß Blumen. Nachmittags kamen die Schulfreunde und, nach seiner Arbeit, auch Thorsten und am Abend die Freundinnen aus der Gemeinde. Auch Nachbarn schauten kurz rein, und Anne war die ganze Zeit über sehr lustig, fit und aß gut. Am Tag darauf war sie allerdings sehr erschöpft. An ihren Geburtstag konnte sie sich kaum erinnern.

Als wir zusammen im Fernsehen die Nachrichten anschauten und die Worte „... Fertigstellung 2015 ..." fielen, fragte Anne spontan: „Leb ich dann noch?"

Anne war zwar langsamer und müder geworden, schaffte es aber immer noch, sich hin und wieder allein anzuziehen, wenn ich weg und nur Nihal im Haus war. Sie schrieb auch ab und zu immer noch nette kleine Zettel-Briefchen.

Als ich mit ihr einmal über einen größeren Rollstuhl mit Kopfstütze sprach, meinte ich: „Aber der passt nicht in unser Auto. Dann müssten wir ein anderes Auto haben."

Darauf erwiderte Anne: „Oder eine andere Tochter!"

In dieser Zeit nahm sie sich (anscheinend wahllos) ein Buch aus meinem Bücherregal, in dem vorwiegend Bücher zur Vorbereitung von Kindergottesdiensten standen. Es hieß *104 Kinderfragen nach den Engeln im Himmel*[11]. Ich weiß, dass sie es längere Zeit an ihrem Bett liegen hatte und regelmäßig darin las. Erst etwa eineinhalb Jahre später nahm ich das Buch noch einmal zur Hand und fand an einer Stelle ein Lesezeichen darin, und zwar auf der Seite mit der Frage: „Wenn ich sterbe, solange ich noch ein Kind bin, verpasse ich dann hier auf der Erde viele lustige Dinge?"

Die Antwort dazu lautete: „Wenn jemand stirbt, ist sein Leben hier auf der Erde zu Ende. Das gilt, ganz egal wie alt oder wie jung diese Person ist, wenn sie stirbt. Aber ob diese Menschen wirklich den Spaß hier auf der Erde vermissen werden? Glaubst du wirklich, sie werden im Himmel traurig sein, weil sie so viele lustige Dinge nicht mehr erleben konnten? Ganz sicher nicht! In Gottes Gegenwart zu sein ist das Aller-, Allerschönste, was wir uns überhaupt vorstellen können. Es ist das, wozu wir eigentlich

---

[11] Hrsg. Ute Mayer, Hänssler-Verlag 1999

geschaffen wurden. Du brauchst dir keine Sorgen zu machen – Gott hat einen wunderbaren Plan für dein Leben hier auf der Erde. Genieße dieses Leben, das Gott dir geschenkt hat. Aber du wirst es keinen Augenblick lang bedauern, dass du im Himmel bist, wenn die Zeit dafür gekommen ist![12]

Veränderungen wurden deutlicher: Unsicherheit beim Treppenlaufen, weniger Mimik, weniger Kreativität, das Gangbild war leicht verändert. Oft war nicht nur die linke Hand verkrampft, sondern auch der ganze linke Arm.

Am 11. Mai wusste Anne aber spontan, dass sie vor acht Jahren getauft worden war!

Mittwoch, 22. Juni 2011

Dankbar hörten wir von Dr. Imschweiler, dass die Kassenärztliche Vereinigung nun doch zugestimmt hatte, dass Anne weiterhin im Kinderkrankenhaus behandelt werden durfte. Zunächst einmal hatte sie es abgelehnt, weil Anne ja nun schon weit über 18 Jahre alt war. Ich hätte mir nicht vorstellen können, mit ihr von jetzt an nur noch zur Erwachsenenklinik zu gehen.

Obwohl Anne sehr oft extrem müde war – manchmal antwortete sie sogar nur mit Gesten –, fand sie in diesen Monaten nur sehr schwer Ruhe, stand ständig wieder auf und kramte irgendwo herum.

---

[12] S. 104

Mail an eine Verwandte

... Annes Schulfreunde, die seit Beginn ihrer Krankheit jeden Dienstag gekommen sind, kommen schon seit April nicht mehr, aber das hat wirklich nur mit den Abiturvorbereitungen zu tun. Sie haben sie nicht vergessen, sondern dafür gesorgt, dass wir Abiball-Karten bekamen (mit einem sehr günstigen Platz ganz vorne) und ihre „Lieblings-Clique" hat neulich einen gemütlichen Nachmittag organisiert, wo Anne fast fünf (!) Stunden ausgehalten hat.

Nach dem Abitur werden die Wege natürlich schnell auseinandergehen, wenn alle woanders studieren oder arbeiten. Trotzdem glaube ich, dass sich die eine oder andere mal melden wird. In der Gemeinde hat Anne ja auch etliche Kontakte. Sie geht, wenn möglich, immer zum Jugendtreff und wird auch zu fast jedem Geburtstag eingeladen. Wir sind wirklich dankbar dafür. Bei den vielen Therapien und langen Ruhephasen bleibt ja gar nicht so viel Zeit übrig. ...

Mail an Roman Siewert

... Heute möchte ich einmal persönlich an dich schreiben, was mir schon sehr lange auf dem Herzen liegt. Es ist der Spagat zwischen Realität und Glauben. Ich hatte dir ja damals vor über eineinhalb Jahren schon gesagt, dass ich die infauste Prognose[13] des *Glioblastoms* sehr realistisch sehe und sehr früh vor Gott Frieden gefunden habe, Anne an ihn abzugeben, wenn es auch unzählige Fragen offen lässt.

Viele ihrer Äußerungen in 2010 (über 100-mal „Ich freu mich so auf den Himmel!", ca. 50-mal „Ich bin Jesus so dankbar für das, was er für uns getan hat!") zeigen mir, dass sie auch bereit ist dafür und es unbewusst vielleicht ahnt. Es gab auch zwei ganz spontane Äußerungen, die deutlich machten, dass sie eventuell nur noch mit sehr wenigen Jahren rechnet. (Sie hat mir auch schon gesagt, welchen Grabstein sie schön findet!)

In den letzten Monaten kommen solche Äußerungen kaum noch, aber ihr Bewusstsein ist auch etwas eingeschränkter geworden, finde ich. Sie war immer ein sehr pflegeleichtes Kind und hat den Übergang vom frühkindlichen Glauben zum bewussten selbstständigen Glauben ohne Umwege geschafft, hat in den letzten Jahren vor Ausbruch ihrer Krankheit angefangen, in vielen Bereichen der Gemeinde mitzuarbeiten (Pfadfinder, Kinderkirche, Puppenbühne, Lobpreisleitung in der Jugend). Sie war nie die extrovertierte „Powerfrau", aber was sie gemacht hat, hat sie in ihrer eher zurückhaltenden Art gemacht, sehr überlegt, zuverlässig und meist mit Perfektion. Wir hatten sehr viel Freude an ihrer Entwicklung. Letztes Highlight vor ihrer Erkrankung war eine Podiumsdiskussion in der

---

[13] Der Begriff „infauste Prognose" wird in der Medizin verwendet, wenn von einem tödlichen Ausgang des Krankheitsverlaufs ausgegangen wird.

Schule (11. Klasse, Philosophie). Es ging um das Thema „Warum ich an Gott glaube". Sie saß mit noch zwei anderen Schulkameraden da vorne und erklärte vor über 100 Leuten, warum sie an Gott glaubt – wieder in ihrer eigenen Art: sehr authentisch, überhaupt nicht fanatisch, eher zurückhaltend und doch sehr deutlich. Nicht nur Nihal und ich waren begeistert.

Die anderen beiden Schüler vertraten den moslemischen und den atheistischen Standpunkt. ...

[Annes Vortrag war einfach ein glaubwürdiges persönliches Zeugnis.] Ich weiß noch, dass sie gegen Ende noch gesagt hat: „... und dafür wäre ich auch bereit zu sterben ..." (das stand überhaupt nicht in ihrem Konzept). Auch dieser Satz klang in diesem Moment nicht fanatisch, sondern passte einfach an diese Stelle.

Ich weiß, wenn Anne durch diese Krankheit stirbt, stirbt sie nicht für Jesus, wir haben ja noch Glaubensfreiheit, aber vielleicht müssen einige Leute mal wieder miterleben, wie man mit Jesus stirbt.

Auch wenn Anne jetzt etwas stiller geworden ist, abgesehen von leicht verwirrten Phasen, wo sie ziemlich viel harmlosen Quatsch redet, hat sie doch insgesamt eine sehr positive Haltung – sehr freundlich und dankbar.

Ärzte, Schwestern und Therapeuten sind schon daran gewöhnt, dass sie ständig und für alles von Anne gelobt werden, sie bedankt sich dauernd für alles. Eigentlich wundern sich alle über ihre positive Ausstrahlung, dass sie nie mürrisch oder schlecht gelaunt ist. In müden Phasen ist sie einfach nur still. Darüber hinaus wundern sich die Ärzte schon etwas, dass die Tumorreste und (wenigen) Metastasen im Gehirn bisher so langsam gewachsen sind und dass sie sämtliche Bestrahlungs- und Chemoarten so sehr gut vertragen hat bisher. Ja, und insgeheim wundern sie sich vielleicht auch, dass sie noch lebt, denn bei dieser Tumorart hätte sie eigentlich nach einem halben oder spätestens nach einem Jahr sterben müssen.

Ich schreibe das alles, damit ein bisschen deutlicher wird, zwischen welchen Polen ich ständig hin- und herschwanke. Annes Leben ist in den 17 Jahren vor Ausbruch dieser Krankheit viermal ganz deutlich von Gott bewahrt worden. Da frage ich mich schon manchmal, ob Gott auch jetzt wieder eingreifen will. Ich weiß und glaube natürlich, dass der Gott, der Himmel und Erde geschaffen hat, und Jesus, der Tote lebendig gemacht hat, auch ein *Glioblastom* heilen kann, aber auf der anderen Seite fällt es mir angesichts der Arztbriefe, der Infotexte im Internet über *Glioblastome* und der Statistik (es ist noch nie passiert) doch sehr schwer zu glauben.

Verschiedene Pastoren aus Sri Lanka beten auch für Anne und sind sicher, dass sie wieder ganz gesund wird. Gestern habe ich wieder einen Bibelvers von einer (sehr ernst zu nehmenden) Frau aus unserer Gemeinde bekommen (Römer 8,11[14]). Nihal bekommt immer wieder Bestätigungen und Ermutigungen, weiter zu glauben. Er liest andererseits auch keine Arztbriefe oder Internettexte (dieses Deutsch ist zugegebenermaßen auch zu schwierig). ...

---

[14] „Wenn aber der Geist dessen, der Jesus aus den Toten auferweckt hat, in euch wohnt, so wird er, der Christus Jesus aus den Toten auferweckt hat, auch eure sterblichen Leiber lebendig machen wegen seines in euch wohnenden Geistes.“

Ganz ehrlich: Die Zusprüche der Pastoren und die Bibelverse der Leute kommen irgendwie bei mir nicht an, und ich habe einfach oft ein schlechtes Gewissen, dass ich den Glauben dieser lieben Leute nicht teilen kann. Anne ist jetzt seit eineinhalb Jahren zu Hause (nach vier Monaten OPs und Reha). Es geht ihr relativ gut und sie ist sehr pflegeleicht. Aber die innere Anspannung und Ungewissheit ist halt immer da. Falls du Zeit findest, würde ich mich sehr über deine Meinung dazu freuen. ...

Antwort von Roman Siewert

... Bei uns Christen kommt dann noch dazu, dass wir oft in einer Kunstwelt leben. Vieles darf nicht sein, und wenn es ganz schwer wird, haben wir immer noch den Teufel als Ausrede. Ich will damit den Glauben nicht kleinreden. Es braucht aber oft mehr Glauben, durchzuhalten und dranzubleiben. Es braucht auch oft mehr Glauben, Leid auszuhalten. ...

Sonntag, 26. Juni 2011

Mail an einen Bekannten

... Am Freitag werden wir voraussichtlich zu dritt zum Abiball gehen. Die Schulfreunde haben uns Karten angeboten und Anne will unbedingt hin. Ich denke nicht, dass es sie zu sehr belasten wird, weil sie sich vermutlich hauptsächlich darüber freuen wird, dass alle Lehrer und Klassenkameraden auf sie zukommen und sich freuen werden, sie zu sehen.

Wir werden den bequemen Klappstuhl mit der Kopfstütze mitnehmen und so lange bleiben, bis Anne müde ist. ...

Annes letzter Tagebucheintrag

Hey, Tagebuch! Heute Abend war ich auf dem Abiball. Das war echt schön da – und jetzt bin ich mit der Schule fertig! – Schluchz! – Gute Nacht!
Anne

Einmal sagte Anne: „Toll, dass ich jetzt Abitur habe!" – „Krass, dass meine Schulzeit jetzt vorbei ist!"

Sehr erstaunlich fand ich, dass sie den Schulkameraden, der damals bei der Mittleren Reife ihr „Konkurrent" war (er hatte den besten Abschluss und Anne den zweitbesten der Stufe), heute ganz spontan fragte, welchen Durchschnitt er im Abitur erreicht habe ...

In dem Abschlussgottesdienst am Vormittag, an dem wir nicht teilgenommen hatten (weil wir uns irgendwie nicht trauten), hatte Herr Ritzka, der katholische Religionslehrer der Schule, öffentlich unseren Dank an die vielen Schüler ausgesprochen, die Anne so regelmäßig besucht hatten. Er hatte damals direkt nach der Diagnose eine recht große Schülergruppe motiviert, einen regelmäßigen Besuchsdienst zu starten, den Annes engste Schulfreunde auch über die drei Jahre treu durchgehalten haben. Außerdem hatte sich Herr Ritzka in den ersten schlimmen Wochen sehr aufmerksam um Daniel gekümmert, hatte uns in der St. Augustiner Klinik sehr oft angerufen und später Anne mehrmals besucht.

Brief an Annes Stufenkollegen

... Auf diesem Wege möchte ich euch herzlich danken, dass ihr Anne so regelmäßig und treu besucht habt. Das hat ihr und uns sehr viel bedeutet, auch wenn sie manches schnell wieder vergessen hat. Das soll jetzt nicht heißen, dass ab sofort kein Besuch mehr erwünscht wäre; im Gegenteil. Aber ich kann mir vorstellen, dass eure Wege in der nächsten Zeit doch recht weit auseinandergehen und solch ein organisierter Besuchsplan nicht mehr möglich ist. Wann immer ihr Lust habt, könnt ihr gern bei uns anrufen und einen Termin vereinbaren.

Falls wir uns jetzt lange nicht mehr sehen, wünsche ich euch für den weiteren Weg alles Gute und viel Erfolg. ...

Rundmail

... Am 27. Juni wurde wieder einmal bei Anne ein MRT gefahren. Heute haben wir es schriftlich bekommen, dass diesmal überhaupt kein Wachstum der Tumorzellen erkennbar war, auch keine weitere Streuung. Da die Zyste wenige Tage zuvor punktiert worden war, war sie auch deutlich kleiner als sonst. Sie wird so alle vier bis fünf Wochen punktiert, was die letzten Male recht problemlos geklappt hat.

Seit Ende April bekommt Anne die neue Chemotherapie *Cilengitide* (per Infusion zweimal wöchentlich) und verträgt sie, Gott sei Dank, genauso gut wie das *Temodal*.

Unser Spagat zwischen den Polen bleibt: Wir sind sehr dankbar für dieses gute Ergebnis, Anne braucht weiterhin recht kleinschrittige Betreuung, ist weiterhin glücklich in ihrer kleinen Welt, wenn auch oft recht müde, manchmal etwas verwirrt. Auf der anderen Seite hat uns unser Arzt erst neulich wieder bestätigt, dass die Histologie des Tumors ganz eindeutig war: *Glioblastom multiforme Grad IV;* mittlere Überlebenszeit: unter einem Jahr. Anne steht jetzt bei fast zwei Jahren. Er meinte, dass sie eben außergewöhnlich gut auf die Behandlungen anspreche und dass es hin und wieder untypische Entwicklungen gäbe. Dieses langsame (bzw. gar kein) Wachstum ist jedenfalls sehr untypisch für diesen Tumor. Trotzdem sind die Mediziner sicher, dass es einen Einbruch geben wird; sie wissen nur nicht, wann und wie. So bleibt uns trotz aller Erleichterung die hintergründige Anspannung erhalten.

Gott allein weiß, was er mit Anne vorhat. Wir sind auf alles vorbereitet. Unser Alltag geht weiter: Anne war mit uns zur Abiturfeier ihres Jahrgangs eingeladen, und sie hat es genossen, dabei zu sein, ihre Freunde und Lehrer wieder zu treffen. Es ist wirklich ein Segen, dass sie sich nicht so tiefgründige Gedanken machen kann.

Daniel hat nun den Führerschein. Da er erst 17 ist, darf er noch nicht allein fahren. So kommt es öfter vor, dass Nihal und ich uns auf dem Rücksitz kutschieren lassen, weil Anne ja den verstellbaren Beifahrersitz mit der Kopfstütze braucht. Aber wirkliche Entspannung hat sich bei uns noch nicht breitgemacht.

Wir wünschen allen erholsame Sommerferien und denen, die davon leider nicht profitieren, trotzdem einen schönen Sommer! ...

Montag, 18. Juli 2011

Mail an eine von Annes Freundinnen

... Mach dir keine Sorgen. Ich verstehe dich sehr gut und beanspruche wirklich nicht, dass sich dauernd Freunde um Anne kümmern. Ich merke auch, dass es schwieriger wird, mit ihr Zeit zu verbringen (für Freunde, meine ich), weil sie weniger spricht, recht teilnahmslos ist und sich scheinbar gar nicht über Besuch freut. Das hat sicher mit ihrer Krankheit zu tun und spiegelt nicht ihr wirkliches Empfinden wider.

Mach dir bitte kein schlechtes Gewissen und keinen Stress. Jeder soll sich da frei fühlen. Letzten Freitag war eine Freundin für eine Stunde bei Anne, und sie hat mir wirklich leidgetan, denn Anne hat fast gar nicht reagiert oder gesprochen. Ich bin dann die meiste Zeit dabei geblieben, damit es nicht so schlimm für die Freundin war. Wir als Familie können da leichter mit dieser Situation umgehen, weil ja der normale Alltagstrott läuft und Anne irgendwie dabei ist. Durch ihre Gedächtnisschwäche realisiert sie ganz bestimmt nicht, wer sie wann und wie oft besucht hat. ...

Sonntag, 24. Juli 2011

Wir machten einen Besuch in der Kinderkirche im Stadtwald, wo Anne zunächst ganz interessiert herumlief und sich alles anschaute. Dort traf sie sogar die Journalistin, die damals diese AG für Nachwuchs-Journalisten geleitet und Annes Artikel in die WZ gesetzt hatte. Ich hatte sie schon vor einiger Zeit über Annes Krankheit informiert. Diese unerwartete Begegnung erinnerte uns wieder schmerzlich an Annes ursprüngliche Berufswünsche, die nun unerreichbar waren ...

Montag, 25. Juli 2011

Weil Annes Schluckbeschwerden stärker zu werden schienen (Anne: „Das stört eigentlich nur meine

161

Mutter!") und sie immer weniger trank, bekam sie nun regelmäßig Logopädie verschrieben. Das brachte für einige Monate wirklich Besserung.

Immer wieder vermischten sich in ihren Äußerungen Realität und Fantasie. „Habe ich mich mit dem Dr. Imschweiler heute gestritten?" – „Ist die Frau Stüben nicht schon tot?"

Samstag, 6. August 2011

In diesem Frühjahr/Sommer hatten wir drei Hochzeiten von jungen Leuten aus unserer Gemeinde. Trotz zeitweiliger Müdigkeit hielt Anne alle drei gut durch. Eins der Brautpaare wollte eigentlich, dass Anne zu ihrer Hochzeit singen würde, aber das ging leider wirklich nicht, das hatten wir auch gar nicht versucht. Ein Jahr später hat dieser junge Mann, der sich zusammen mit seiner Frau Annes Gesang gewünscht hatte, ein wunderschönes Lied gedichtet, komponiert und auf Annes Beerdigung vorgetragen.

Donnerstag, 11. August 2011

Immer wieder hatte Anne nun so sehr schweigsame Phasen, verbunden mit starker Müdigkeit. Oftmals waren ihre Lippen dabei seltsam schief zusammengekniffen. Manchmal nahm sie sogar ihre Hand zur Hilfe, um ihren Mund zu öffnen und etwas sagen zu können. Heute überraschte sie uns mit folgender Äußerung: „Es tut mir leid, dass ich so wenig geredet habe. Ich merke das selbst, aber ich kann es nicht ändern. Es ist, als wenn mein Mund zugeklebt wäre. Gott sei Dank ist das jetzt wieder weg."

Manchmal saß sie an ihrem Schreibtisch und schaute sich traurig ihren alten Stundenplan an. Ihren Berufswunsch hatte sie noch nicht vergessen: „Ich würde gerne Journalismus studieren."

August 2011

Auch in diesem Jahr ermöglichte uns der Förderverein einen Urlaub – wieder im Freizeitpark Leukermeer in Holland.

Anne konnte immer noch normal schwimmen. Bei Treppen und einzelnen Stufen war sie nun sehr unsicher.

Als wir einen Ausflug ins Thermalbad Arcen machten, trafen wir zwei liebe Bekannte aus Willich, die wir schon sehr lange nicht gesehen hatten.

Anne ging uns öfter mit ihrem Höflichkeitsfimmel auf den Keks. Nihal sagte einmal zu ihr: „Wenn du mal im Himmel bist, wird Gott zu dir sagen, dass du viel zu oft unnötigerweise ‚Entschuldigung' gesagt hast!"

Anne daraufhin: „Dann sag ich: ‚Entschuldigung!'"

163

Mail an Frau Stüben

... Heute Mittag sind wir aus dem Freizeitpark Leukermeer zurückgekommen. Wir hatten eine sehr gute Zeit und Anne hat die Woche wirklich genossen. Sie hat viele kurze Spaziergänge mit uns unternommen, ist sogar zweimal mit uns schwimmen gegangen. Sie hat sehr gut geschlafen, war tagsüber relativ fit und es gab keinerlei Probleme. Auch das Wetter war sehr angenehm: nicht zu heiß, kaum Regen, beständig ein angenehmer, leichter warmer Wind.

Bitte geben Sie unseren herzlichen Dank an den Förderverein weiter, der uns diesen schönen Urlaub auch dieses Jahr ermöglicht hat. ...

Mail von einer Kollegin

... Wieder von dir zu hören hat mich sehr gefreut. Annes Krankengeschichte kommt mir vor wie ein Wunder, aber nicht eins, das einfach so passiert, sondern eins, für das alle Beteiligten mit aller Kraft eintreten. Auch Anne selbst bezieht ihre Kraft offenbar aus einem Vertrauen, das durch die Geborgenheit in der Familie und einen festen Glauben tief in ihr verankert ist. Das lese ich aus deinen Zeilen jedes Mal mit großer Bewunderung. ... Ich wünsche euch weitere – wenn auch sicher nicht unbeschwerte – Jahre mit Anne, die ja bereits jetzt die medizinische Statistik in die Schranken weist. ...

In der Urlaubsvertretung musste wieder einmal ein anderer Arzt die Portnadel ziehen. Um Anne zu beruhigen, sagte er: „Du kennst mich doch, Anne, ich habe schon einmal bei dir die Nadel gezogen."

Anne: „Und wie fand ich Sie?"

„Ich hoffe gut!"

Mail an Frau Stüben

... Ich hoffe, es ist okay, wenn ich Ihre Mail-Adresse nutze, um Ihnen einige interessante Bemerkungen von Anne zu erzählen, was ich in Annes Gegenwart nicht gerne tun würde.

Die eine Begebenheit war etwa Mitte April, als wir wieder einmal im Auto unterwegs zur Blutbildkontrolle waren. Ich weiß nicht mehr genau, worüber wir sprachen, aber ich sagte dann: „Ja, es ist echt schade, dass du krank geworden bist und manches nicht mehr möglich ist."

„Ja, schade, aber soooo traurig bin ich nun auch nicht deswegen."

„Wieso?"

„Kann ich jetzt nicht erklären, aber ich bin echt dankbar für den Gehirntumor. Ich finde, dadurch ist irgendwie alles viel schöner geworden."

Ich war buchstäblich sprachlos und denke, dass man das nur mit ihrem sehr eingeschränkten Bewusstsein erklären kann. Sie ist einfach glücklich in ihrer kleinen Welt und hat, Gott sei Dank, vergessen, wie glücklich sie war mit ihren vielen Freunden, dem Erfolg in der Schule und ihren Zukunftswünschen.

Die andere Begebenheit war etwa vor vier Wochen. Wir waren zu Besuch bei einer Familie aus unserer Gemeinde. Mitten im Gespräch sagte unser Bekannter unvermittelt zu Anne: „Weißt du was, Anne, ich glaube, Gott hat etwas Besseres für dich." Und Anne antwortete, ohne zu überlegen: „Ja, da freu ich mich schon drauf", völlig ungerührt, nüchtern und selbstverständlich, etwa so wie: „Ich freu mich auf den Urlaub demnächst."

So eine Glaubensgewissheit scheint auf einer ganz anderen Ebene angesiedelt zu sein als auf der Verstandesebene. Für mich sind solche Begebenheiten wie diese beiden sehr interessant und wertvoll, umso mehr, als sie so unerwartet und ungesucht kamen. Ich wollte Sie einfach gerne daran teilhaben lassen. ...

Antwort von Frau Stüben

... Auf der langen Autofahrt in den Süden kam mir Anne immer wieder in den Sinn und ganz besonders ein kleiner Dialog zwischen ihr und mir in der letzten Stunde. Wenn ich so recht überlege, gleicht er den Dialogen, die Sie beschrieben haben. Ich weiß nicht mehr, warum, aber ich sagte zu Anne: „... dazu bin ich zu alt!"

Anne daraufhin: „Ja, das kann schon sein, aber Sie sind so eine junge Alte!"

Ich musste herzhaft darüber lachen, denn sie traf den Nagel mal wieder auf den Kopf. Anne war etwas über mein Lachen verunsichert. Ich glaube, dass sie sich selbst fragte, ob ihre Bemerkung grenzüberschreitend war. Ich beruhigte sie und reflektierte ihr einerseits, dass ich mich genauso fühle: jung, aber auch irgendwie älter ... eben eine junge Alte! Andererseits reflektierte ich ihr, dass ich ihre Schlagfertigkeit bewundern würde.

Anne erklärte mir, dass sie sich nicht so schlagfertig erleben würde. Vor der Krankheit sei sie überhaupt nicht schlagfertig gewesen. Dies sei erst durch den Hirntumor gekommen. Sie sei froh, ihn zu haben!

Ich glaube zwar, dass Anne vor ihrer Erkrankung auch schlagfertig war, aber vielleicht nicht so „mutig" wie momentan oder besser gesagt: Sie filtert nicht so viel, sondern spricht schneller aus, was sie so denkt. Anne ist ein sehr positiv denkender Mensch, und sie erlebt die Zuwendung, die sie erhält, als nicht selbstverständlich. Ich glaube, dass sich Anne diesbezüglich als sehr reich erlebt und sehr beschenkt. (Anne bedankt sich häufig.) Einerseits hat sie die Gesundheit verloren und ein Stück weit ihr altes Leben, und andererseits – so sagt sie selbst – hat sie auch viel durch die Erkrankung gewonnen. Es ist unglaublich, aber ich erlebe Anne als einen glücklichen Menschen! Sie ist glücklich darüber, dass ihre Familie sie so trägt. Sie fühlt sich geborgen in ihrer Familie und sie fühlt sich geborgen in ihrem Glauben.

Je älter ich werde, desto deutlicher wird für mich allgemein, aber auch für mich in meinem Arbeitsbereich, wie wichtig beides (Familie und Religiosität) für den Menschen ist und welch einen großen Schatz man in sich trägt, wenn man glauben kann. In den letzten drei Jahren fiel mir immer wieder auf, wie arm und traurig Menschen/Familien sein können, die keine „Religiosität" in sich tragen bzw. diese weit von sich weisen. Dabei wird mir gerade bewusst, dass die „Faszination meiner Tätigkeit" immer auch in der Intensität des Glaubens der erkrankten Kinder gelegen hat. Ich fand es immer sehr beeindruckend, wie intensiv Kinder/Jugendliche glauben können. Glauben an das Gute, an das Göttliche, auch wenn Eltern mir sagten: „... wir glauben an nichts!"

Anne strahlt für mich eine gewisse Sicherheit aus, nach dem Motto: Das, was da auf sie zukommt, wird gut sein, wird ihr Kraft geben und sie beschützen. So gesehen erlebt Anne ihre Erkrankung als Bereicherung, denn sie erlebt sehr intensiv die Kraft des Glaubens. Diese Bereicherung scheint für sie größer zu sein als die vielen Verluste, die sie durch die Erkrankung erfahren hat. Es ist gut, dass Anne Sie als Familie hat, und es tut mir immer wieder gut zu sehen, wie Anne von Ihrer Liebe und von Ihrer Religiosität getragen wird. Vielen Dank dafür. ...

Samstag, 24. September 2011

Schon zum zweiten Mal konnte Anne das Sommerfest in der Osterather Therapieklinik mitmachen.

Vermutlich hätte niemand von den dortigen Ärzten, Schwestern und Therapeuten gedacht, dass sie auch nur das erste erlebt. Für mich war aber deutlich, dass sie dieses Mal nicht so fit war wie zum Sommerfest ein Jahr zuvor.

Aber auch dieses Mal unterhielt sich Anne sogar mit einigen Schwestern, auch mit der, die sie damals in der Zeit der neurologischen Frühreha „geduscht" hatte. Die Schwester hatte Anne beim Duschen die Brause in die Hand gegeben, vermutlich, um die Hände freizuhaben. Bei dieser Gelegenheit hatte Anne den Wasserstrahl aus Spaß auf die Schwester gerichtet, deren Kittel dann total nass war. Anne wusste natürlich nichts mehr davon, aber als ich ihr diese Geschichte wieder erzählte, entschuldigte sie sich sogar spontan bei der Schwester.

Dienstag, 27. September 2011

Obwohl Anne nie über Sehschwierigkeiten klagte, vermute ich, dass sie ab und zu „Doppelbilder" sah. Zum Beispiel griff sie einmal mindestens 20 cm daneben, als sie den CD-Player anmachen wollte. Auch beim Kartenspielen griff sie manchmal deutlich daneben, wenn sie eine Karte aufnehmen wollte. Das rechte Auge schielte mitunter auffallend.

Als sie bei der Physio auf dem Trimmrad fahren sollte, erlitt sie beinahe einen Schwächeanfall und wurde sofort auf die Liege gelegt.

Da meine Schwester Traute am 19. September in Frankreich verstorben war und die Beerdigung auch dort stattgefunden hatte, veranstalteten wir noch einmal eine Gedächtnisfeier in unserer Gemeinde für die ganze Familie und ihre deutschen Freunde, die nicht nach Frankreich hatten fahren können. Anne half mit beim Decken und Dekorieren der Tische, lief herum und zählte die Stühle und hielt auch den ganzen Nachmittag gut durch.

Rundmail

... Am 28. September wurde bei Anne wieder das obligatorische MRT gefahren. Gemäß der mündlichen Rückmeldung unseres Arztes ist wieder kein Wachstum des Tumors zu erkennen. Im Gegenteil: Einige zystische Anteile scheinen geschrumpft zu sein. Nur die Hauptzyste, die den Zugang hat, muss dringend demnächst wieder punktiert werden, da das über drei Monate lang nicht gemacht worden ist. Aber Anne hatte bisher keine Beschwerden diesbezüglich. Natürlich sind wir dankbar und erleichtert, aber eine gewisse Anspannung bleibt, denn der Gesamteindruck, den wir und viele andere von Anne haben, ist nicht so positiv wie im vorigen Jahr. Sie ist insgesamt stiller geworden und hat, vermutlich durch das neue Medikament, einige Kilos zugenommen (Wassereinlagerungen?). Dadurch fallen ihr viele Bewegungen deutlich schwerer. In der rechten Gesichtshälfte und im linken Arm sind von Zeit zu Zeit Ansätze von Lähmungen zu erkennen.

Im Jahr 2010 war bei den MRTs zwar beständig mehr oder weniger Wachstum des Tumors festgestellt worden, aber im Alltag konnte man damals bei Anne beständig positive Entwicklungsfortschritte erkennen. Zeitlich sind wir nach wie vor gut ausgelastet: Anne geht weiterhin gerne zu ihren fünf Therapieterminen und auch zu den beiden Infusionen, die sie gut verträgt. Diese Termine sind für sie gewissermaßen ein Ersatz für die Schule, an die sie oft denkt. Sie ist weiterhin sehr positiv und dankbar für alles.

Ich habe jetzt einen Minijob angenommen: zwei Wochenstunden Hausaufgabenbetreuung an meiner alten Schule in Schiefbahn. Das freut mich sehr, denn so kann ich regelmäßig meine früheren Kollegen treffen und sehe mal wieder ein paar Schulkinder.

Ein Höhepunkt war unsere Urlaubswoche in einem holländischen Ferienpark im August. Anne hat die Zeit sehr genossen, sogar das Wetter hat mitgespielt. Wir waren am selben Ort wie voriges Jahr und Anne konnte sich noch an einiges erinnern.

Eine traurige Nachricht ist, dass meine älteste Schwester im Alter von 71 Jahren gestorben ist. Sie hatte vor acht Jahren schon einmal einen Herzinfarkt gehabt und starb nun relativ überraschend an Herzversagen, als sie gerade mit ihrem Mann in Frankreich war. So werden wir immer wieder an die Prioritäten des Lebens erinnert. ...

Eine von Annes besten Schulfreundinnen war nach Wuppertal gezogen und hatte Anne und mich eingeladen, sie und ihre Mutter in der neuen Wohnung zu besuchen. Anne freute sich riesig, hielt die lange Autofahrt gut durch und genoss das Crêpes-Essen sowie die lange Schwebebahnfahrt.

Als wir mal mit Anne über das Onko-Frühstück sprachen, zu dem wir gerne regelmäßig gingen, bei dem wir aber nicht so häufig andere Kinder trafen, weil diese ja zur Schule gehen mussten, meinte Anne: „Ja, die haben nicht alle so ein Glück wie ich, dass die zu Hause bleiben können!"

Darauf Daniel: „Fragt sich nur noch, was Glück ist."

Bei Gesellschaftsspielen hatte Anne nun weniger Ausdauer und sie brach manchmal sogar ihr Lieblingsspiel „Wer ist es?" nach kurzer Zeit ab. Wenn wir aber das relativ anspruchsvolle Spiel „Set" spielten, war sie immer noch sehr gut.

In diesen Monaten fragte sie sehr oft, ob sie heute schon mal geweint habe, obwohl sie gar nicht traurig zu sein schien. Allerdings lag oder saß sie öfter mal ganz still da und starrte lange ins Leere.

„Warum soll ich denn klagen?"

Anne Karunaratna

Am Samstagabend litt Anne plötzlich unter Blasenschwäche; interessanterweise nicht in einer Phase der Müdigkeit, sondern sozusagen „mitten im Leben".

Am nächsten Morgen fiel sie die Treppe vor der Haustür runter, erlitt aber Gott sei Dank keinerlei Verletzungen. Ich stand fast daneben. Sie wusste selbst nicht, wie es passiert war, denn gestolpert oder irgendwo hängen geblieben war sie nicht. Waren es Gleichgewichtsstörungen?

Beide Ereignisse alarmierten mich, und ich ahnte, dass es mit dem Tumorprogress zu tun haben musste, auch wenn er in MRT-Bildern noch nicht sichtbar war.

Drei Wochen später, beim Martinsfest auf der Tackheide, fiel Anne noch einmal unerwartet auf der Straße hin. Es war nicht klar, ob sie dabei nur über eine Unebenheit gestolpert war oder ob es andere Gründe hatte.

Manchmal redete sie ganz verwirrte Dinge, dann wieder erinnerte sie sich daran, welchen Film sie am Vortag gesehen hatte.

Mail an eine Bekannte

... Im Vergleich zum Jahr 2010 hat Anne in diesem Jahr aber doch etwas abgebaut, auch wenn die MRTs im letzten halben Jahr kein Wachstum des Tumors zeigten. Man merkt es an den Bewegungen des linken Arms und linken Beins, am rechten Auge und am rechten Mundwinkel. Trotzdem ist ihre Lebensqualität immer noch gut, wofür wir sehr dankbar sind.

Nihal ist jetzt im Vorruhestand und ich bin auch noch nicht wieder in meinen Beruf eingestiegen, außer dass ich an einem Nachmittag Hausaufgabenbetreuung in meiner alten Grundschule mache. So können wir uns gut abwechseln, denn allein lassen wir Anne nur ganz selten und dann auch nur ganz kurz. ...

Anne las nach langer Zeit (nach fast zwei Jahren) wieder einmal den Brief, den ich ihr damals auf der Intensivstation geschrieben hatte. Von Anfang an flossen bei ihr Tränen, aber sie sagte nichts. Ich bin nicht sicher, ob sie die fünf Seiten überhaupt bis zu Ende gelesen hat. Damals, im Dezember 2009, hatte sie ihn ganz durchgelesen und auch positive Reaktionen gezeigt. Nach zwei Tagen versuchte

175

sie noch einmal, ihn zu lesen, legte ihn aber nach kurzer Zeit wieder weg mit der Begründung: „Zu lang!"

Mail an eine Verwandte

... Heute Morgen hat Anne nach sehr langer Zeit wieder einmal mehrfach erbrochen. Ich weiß noch nicht, wie ich das einordnen soll. Es könnte ein Magen-Darm-Infekt sein (Mona und Thorsten hatten das), aber Anne hatte überhaupt keine Übelkeit oder Bauchschmerzen vorher. Dieses Nüchternerbrechen am Morgen erinnert mich natürlich sehr an die Zeit unmittelbar vor dem Erkennen ihrer Krankheit und könnte auch vom Gehirndruck herrühren. Die Zyste ist ja bestimmt auch sehr groß. Jetzt ist sie gerade total schlapp. Essen blieb auch nicht drin. Vielleicht rufe ich nachher mal ihren Arzt in der Klinik an. ...

Am Nachmittag konnte ich mit Anne wieder auf den Weihnachtsmarkt fahren, wo wir dieses Mal sogar langjährige Freunde aus Düsseldorf trafen, worüber wir uns alle sehr gefreut haben. Sie halfen bei der

Puppenbühne unserer Gemeinde mit, in der Anne früher auch mitgewirkt hatte.

Am Abend gingen wir sogar noch mit Mona und den Kids in Annes Lieblingsrestaurant, was sie ebenfalls problemlos durchgehalten hat.

Donnerstag, 8. Dezember 2011

Mail an eine Verwandte

... Das Erbrechen am Dienstag war wohl eine Magen-Darm-Infektion, denn wir hatten es nachher auch alle. ...

12.–16. Dezember 2011

Anne hat die Revision des Reservoirs und den damit verbundenen Krankenhausaufenthalt gut überstanden. Am Tag ihrer Rückkehr nach Hause brach sich Daniel beim Fußballspielen einen Mittelhandknochen. Daraufhin Anne bei einer Gelegenheit: „Du bist ja schließlich viel kränker als ich!"

Rundmail

... Mit diesem Foto von unseren beiden Enkelkindern Noah (3½) und Noemi (1) möchten wir all unseren Verwandten, Freunden und Bekannten ein frohes Weihnachtsfest wünschen. Wir haben sehr viel Freude an den beiden, die wir aufgrund der räumlichen Nähe (ca. 5 km) auch häufig sehen können. Sehr dankbar sind wir auch dafür, dass Anne die kleine OP in der vorigen Woche (Revision des kleinen Reservoirs, das für die Punktion der Zyste da ist) gut überstanden hat und nach fünf Tagen wieder nach Hause durfte.

Das letzte MRT (Anfang Dezember) war nicht ganz so erfreulich, denn es zeigte wieder geringfügiges Tumorwachstum nach einem halben Jahr Stillstand. Außerdem hat sich im Bereich der ursprünglichen Tumorränder, ganz im Zentrum des Gehirns, neues zystisches Gewebe vergrößert, das aber durch Punktionen nicht erreicht werden kann. Anne geht es, Gott sei Dank, weiterhin relativ gut, ist aber nicht mehr so lebhaft wie im vorigen Jahr, sondern viel stiller und häufiger müde. Ihre kleine Welt, in der sie so glücklich ist, ist möglicherweise noch kleiner geworden, aber sie freut sich weiterhin, wenn sie Familienmitglieder, Freunde oder Therapeuten trifft. Die Therapien nimmt sie weiterhin gerne wahr, wenn sie nicht gerade zu müde dazu ist.

Daniel (17½) ist jetzt im 12. Schuljahr und will nächstes Jahr sein Fachabitur machen. Leider hat er sich in der

178

vorigen Woche beim Fußball seine linke Hand gebrochen und muss nun sechs Wochen Zwangspause einlegen bei Fußball, Autofahren, Radfahren, Gitarre und Schlagzeugspielen usw., was eine große Umstellung für ihn ist.

Mein Minijob in meiner alten Schule (einmal in der Woche Hausaufgabenbetreuung) macht mir nach wie vor viel Spaß, und Nihal genießt es, viel Zeit für ehrenamtliche Aufgaben innerhalb und außerhalb der Gemeinde zu haben. Wir versuchen immer wieder, von Anne zu lernen: sich am Hier und Jetzt zu erfreuen und die Zukunft komplett in Gottes Hand zu belassen. Unsere Sorgen und Befürchtungen würden ja wirklich nichts ändern. Im Gegenteil.

In diesem Sinne wünschen wir allen ein gesegnetes Weihnachtsfest. ...

Samstag, 24. Dezember 2011

Mail an eine bekannte Familie

... Am Donnerstag habe ich noch mit Annes Arzt gesprochen, und er hat vorgeschlagen, dass wir demnächst damit beginnen, Anne beide Chemos gleichzeitig zu geben (d. h. Infusionen und Tabletten). Diese Kombination hat sich bei anderen Patienten schon bewährt und sei auch gut verträglich. Anne hat ja sowohl die eine als auch die andere Chemo-Art bisher gut vertragen. Wahrscheinlich ist das die letzte Möglichkeit, noch eine Zeit des Aufschubs zu erreichen.

Ein *Glioblastom* ist nun mal ein Supergau, und eigentlich ist es schon ein Wunder, dass es Anne auch jetzt, nach zweieinhalb Jahren, noch so relativ gut geht.

Ich wünsche euch nochmals frohe Feiertage! Wir fahren heute Nachmittag zum Heiligabendgottesdienst in unsere Gemeinde, wo wir auch Monas Familie treffen. Heute Abend wollen wir dann alle bei ihr sein; das ist für alle am bequemsten, weil dann die Kleinen am leichtesten zum Schlafen kommen, jedes zu seiner Zeit. ...

Samstag, 31. Dezember 2011

Dieses Mal verbrachten wir Silvester ganz ruhig ohne Besuch, machten einige (wenige) Spiele, wir schauten ein Bonhoeffer-Video an und ich las ein paar interessante Texte und Auszüge aus unserem Familienjahresrückblick vor. Anne konnte sich an vieles nicht mehr erinnern. Sie war sehr müde und schlief lange vor 24.00 Uhr ein.

Dienstag, 31. Januar 2012

Mail an eine Bekannte

... Anne hat die kleine OP im Dezember (Revision des Rickham-Reservoirs) gut überstanden. Es hatte sich ein kleines Häutchen über der Schlauchöffnung gebildet, sodass man die Zyste nicht mehr punktieren konnte. Das ist jetzt „repariert" und die erste neue Punktion soll am Donnerstag stattfinden.

Bisher waren keine Tumorzellen in der Zystenflüssigkeit. Das Wachstum der „richtigen" Tumorreste ist bisher nur sehr minimal. Es gibt aber mehr zystisches Gewebe, was aber auch zum Tumor gehört. Die MRT-Bilder sind manchmal nicht so eindeutig zu interpretieren, und daher ist es gut, dass verschiedene Leute der Studie daraufgucken.

Es geht Anne weiterhin relativ gut, sie hat nur durch das *Cilengitide* so stark zugenommen (teilweise Wassereinlagerungen, teilweise kann sie aber manchmal auch nicht aufhören zu essen). Dadurch ist sie natürlich auch schwerfälliger. ...

Januar 2012

Anne litt manchmal darunter, dass ihr linker Arm und ihr linkes Bein nicht mehr so gut funktionierten wie früher.

„Warum ist das so?", wollte sie wissen. „Ist das vom Gehirntumor?"

„Ja."

„Ist der noch nicht weg?"

„Die Ränder sind stehen geblieben und an einigen Stellen ist Neues gewachsen."

„Wusste ich das?"

„Ja, die haben dir das damals gesagt."

Obwohl wir ihr diese Dinge schon viele Male erklärt hatten, vergaß sie es immer wieder. Sie litt jetzt auch öfter unter Blasenschwäche.

Aber ihren Humor hatte Anne nicht verloren. Als wir wieder einmal beim Onko-Frühstück waren, manipulierte sie Frau Försters Anwesenheitsliste, als die einmal kurz weggehen musste. Zum Beispiel trug sie bei Frau Förster drei Kinder ein, die diese gar nicht hatte!

Als ich mir mal einen Zettel hinlegte, damit ich nicht vergaß, bei Anne das Pflaster abzulösen: „16.30 Uhr Pflaster", ergänzte sie noch: „Vorsichtig ab!"

Februar 2012

In diesem Monat gab es ebenfalls hin und wieder Blasenschwäche, kurze Kopfschmerzphasen (zunächst im Bereich des rechten Ohres) und auch ab und zu Schwindelgefühle. Auf Treppen ging Anne deutlich langsamer als früher.

Es kam auch öfter die Frage: „War ich schon mal tot?" Diese Frage kann ich mir nur so erklären, dass Anne ja sehr oft Probleme mit der zeitlichen Einordnung von Ereignissen hatte. Sie fragte z. B. oft: „Hab ich das nicht schon mal erlebt?" Vermutlich kam ihr jetzt öfter der Gedanke an den Tod in den Kopf, möglicherweise als Folge von der zunehmenden Schwäche, die sie bemerkte. Aber bei Gesellschaftsspielen, besonders bei dem verhältnismäßig anspruchsvollen Spiel „Set", war sie immer noch sehr gut.

Anne war zeitweise sehr antriebsarm und langsam. Ständig musste sie ans Weitermachen erinnert werden, wobei ich nicht immer geduldig war.

Als sie einmal ihren Finger in einen frisch gebackenen Kuchen bohrte und ich ärgerlich sagte: „Das hat der Daniel mit fünf gemacht!", meinte sie trocken: „Und ich mach das mit 19."

Ein anderes Mal sagte sie zu mir, unsere Spülmaschine sei zu schlau für mich, weil ich nie genau wusste, wie lange sie brauchen würde.

Ständig machte sie den Krankenschwestern und Ärzten Komplimente über Schuhe, Kleidung usw. Als Dr. Imschweiler nachfragte (wahrscheinlich weil Anne nichts gesagt hatte), wie sie denn heute seinen Pullover fände, meinte sie: „Scheiße!", und weil wir daraufhin alle lachten, noch: „Das meine ich ernst!"

Abends sagte sie zu mir sehr oft: „Und danke für den Tag!", oder: „Danke für alles!"

Freitag, 16. März 2012

Mail an Frau Stüben

... Ich möchte Ihnen gerne wieder einmal auf diesem Wege eine Bemerkung von Anne mitteilen, die ich in ihrer Anwesenheit schlecht erzählen kann. Letzten Montag, am 12.3., hatte sie am Nachmittag zum zweiten Mal wieder starke Schmerzen im Kopf, im Bereich des rechtes Ohres (beide Male ca. 10 bis 15 Min.). Sie fragte mich unvermittelt:

„Meinst du, dass ich einen zweiten Gehirntumor habe?"
Möglicherweise war dieser Schmerz vergleichbar mit den
damaligen beginnenden Kopfschmerzen und sie hat sich
daran erinnert. Und dann noch: „Ich habe solche Angst,
dass ich einen neuen Gehirntumor habe!"

Diese Fragen trafen mich trotz allem sehr unvorbe-
reitet, weil sie eigentlich nicht typisch für Anne sind, die
sonst in ihrer kleinen glücklichen Welt lebt. Ich erklärte
ihr nur wieder einmal, dass damals ja Tumorränder stehen bleiben mussten, dass ihr Tumor sehr bösartig sei und
dass sich wohl auch etwas Neues entwickeln könne. Ich
bin nicht sicher, ob sie den Rest meiner Erklärungen überhaupt noch registriert hat, denn dieser „lichte Moment" –
oder wie auch immer man das nennen soll – war schnell
wieder vorbei. Ich habe den Eindruck, dass sie das alles
jetzt schon wieder völlig vergessen hat, und habe zurzeit
keine Lust, das wieder aufzugreifen. Ich glaube auch nicht,
dass ihr das hilft, wenn ich meine beständigen Ängste und
Befürchtungen mit ihr teile. Aber diese Anspannung und
Unsicherheit zwischen Verpflichtung zum Reden und
schweigendem Abwarten bleibt. ...

Antwort von Frau Stüben

...Unglaublich, wie klar Anne manchmal ist. Ihre Angst vor
einem neuen Tumor zeigt aber auch, wie gerne Anne lebt,
obwohl sie ja hin und wieder über das Leben nach dem
Tod redet. Ich glaube, dass es für Anne wichtig war, diese
Angst Ihnen mitzuteilen bzw. mit Ihnen zu teilen. So hat
sie sich entlastet. Gut so ... für Anne.

184

Für Sie ist es aber vermutlich eher eine Belastung, denn Anne spricht über Ihre Ängste. [Ich versuche heute mal bei der Maltherapie], genauer in diese Richtung zu hören, vielleicht hat sie mir auch diesbezüglich etwas mitzuteilen, um sich zu entlasten. ...

Anne hatte ja schon immer Probleme gehabt, ausreichend zu trinken, aber in diesem Monat wurden die Schluckbeschwerden stärker. „Ich weiß nicht mehr, wie das geht!", sagte sie einmal. Nach einigen Stunden Logopädie ging es wieder etwas besser. Kurze Phasen von Kopfschmerzen und Blasenschwäche kamen auch immer wieder vor. Hin und wieder fragte sie: „Erlebe ich das noch?", was für mich (ebenso wie die Frage: „War ich schon mal tot?") auch ein Hinweis darauf war, dass sie ihren bevorstehenden Tod ahnte.

Dieses Jahr konnte sie sich nicht mehr in die geliebte Hängematte legen, weil das einfach zu schwierig für sie geworden war. Aber auf der Liege ließ es sich, warm eingepackt, auch gut aushalten. Einmal hat sie es allerdings geschafft, ihren Rollstuhl den ganzen Weg bis zur Eisdiele zu schieben (ca. 1 km); erst auf dem Rückweg ließ sie sich fahren. Auch bei den Pfadfindertreffen hielt sie immer noch locker drei Stunden durch!

Papas Deutsch versuchte sie bis zum Schluss zu korrigieren:

Anne: „Es ist schon besser geworden."

Papa: „Was? Mein Deutsch ist besser geworden?"

Anne: „Nein, das mit dem Korrigieren. Dein Deutsch nicht!"

Einmal meinte Nihal: „Ich habe bei Anne mehr Deutsch gelernt als in meinem neunmonatigen Deutschkurs in Leipzig."

Anne erwiderte darauf: „Da kannst du froh sein, dass du mich hast!"

Oder ein anderes Mal stöhnte er: „Ich hoffe, dass heute nicht wieder so ein Korrekturtag wird!"

Anne: „Dann mach wenig Fehler!"

April 2012

Anfang April lud Anne ihre drei Geschwister Dennis, Mona und Daniel zum Essen ins Vapiano ein, was allen Beteiligten sehr viel Spaß gemacht und Anne sehr gut durchgehalten hat. Auch die diesjährige Osterfeier des Fördervereins auf der Linner Burg genoss sie. Während wir sie im vorigen Jahr in einem großen Rollstuhl herumgefahren hatten, ging sie dieses Jahr zu Fuß und allein mit den anderen Kindern Eier suchen!

Als meine Kollegin in ein Haus in unserer Straße einzog, kam Anne mit mir, um es zu besichtigen. Weil sie alle Räume sehen wollte, schaffte sie alle Treppen, wenn auch mit etwas Mühe. Bei der Zahnärztin wollte sie jedoch gerne den Treppenlift benutzen. Bei diesem Zahnarztbesuch hat allerdings auch

186

unsere Zahnärztin mit einem Blick gesehen, dass es bei Anne nicht mehr darum gehen konnte, die Weisheitszähne herauszuholen, denn Anne hatte sich in den vergangenen Monaten gewaltig verändert.

Leider hörten in diesem Monat Annes Besuche bei den Pfadfindern auf – zuerst, weil das Wetter noch zu schlecht war, später, weil sie nicht mehr durchhalten konnte. Ein paar Mal fuhren wir für kurze Zeit zum Besuch hin.

Weil Anne nun keine Schlafstörungen mehr hatte, sondern fast immer gut durchschlief, konnten wir die abendlichen *Circadin*-Tabletten weglassen. Wieder etwas weniger zum Schlucken!

Auch in diesem Monat gab es häufiger Kopfschmerzen und die seltsame Frage: „War ich schon mal tot?". Weil die Blasenschwäche zuzunehmen schien, hatte ich mir angewöhnt, sie von mir aus regelmäßig zur Toilette zu schicken, was sie auch bereitwillig mitmachte. Neu war, dass sie nicht mehr wusste, wie man die Zähne putzt. Ich weiß nicht, wie lange es gedauert hat, bis mir endlich auffiel, dass sie immer nur die linke untere Seite putzte, und das minutenlang. Ich ging also dazu über, ihr Anweisungen zu geben: unten links, unten rechts usw. Auch dies machte sie problemlos mit. Die Logopädin erklärte mir, dass es bei Schädigungen im Gehirn durchaus gewisse Apraxien[15] geben könne, dass Leute dann auch altbekannte Bewegungsabläufe nicht mehr beherrschten.

---

[15] Eine Störung zielgerichteter Bewegungen

Mail an einen Bekannten

... Ich möchte dich gerne an zwei kleinen Begebenheiten teilhaben lassen, die ich sehr bemerkenswert finde:

1. Zu Karneval fuhr unser Daniel wie gewohnt mit den Jugendlichen unserer Gemeinde zur Wewelsburg. Als er gerade weggefahren war, fragte ich Anne: „Du wärst auch gerne mitgefahren, nicht wahr?"
   „Ja."
   „Du, ich finde es ganz toll von dir, dass du nie klagst!"
   Völlig verständnislos: „Warum soll ich denn klagen?"

2. Neulich unterhielt sich Nihal mit Anne: „Bist du traurig, dass du kein Abitur machen konntest?"
   „Ja."
   „Hast du Gott mal gefragt, warum das so ist?"
   „Brauch ich nicht, der weiß das."

Diese beiden Begebenheiten zeigen mir wieder einmal sehr eindrücklich Annes Haltung und sie bewegen mich sehr. Ich finde es ungeheuer trostreich, dass sie in einem solchen Gottvertrauen lebt, und ihre Dankbarkeit kommt wirklich täglich in vielen kleinen Dingen zum Ausdruck. ...

Rundmail

... Seit Weihnachten haben wir uns nun nicht mehr gemeldet, weil es eigentlich nicht viel Neues zu berichten gibt.

Annes Zyste ist inzwischen zweimal wieder punktiert worden, was sehr gut geklappt hat, und die medizinischen Untersuchungen haben keine wesentlichen Änderungen gezeigt. Dafür sind wir sehr dankbar.

Im Alltag beobachten wir wohl, dass die Lähmungserscheinungen in der linken Hand zuweilen recht stark sind und dass ihr rechtes Auge deutlich schielt. Die neue Chemotherapie, die Anne nun schon seit Ende April 2011 zweimal wöchentlich bekommt, verträgt sie weiterhin sehr gut, aber dieses Medikament hat eine starke Gewichtszunahme verursacht, wodurch Annes Bewegungen schwerfälliger geworden sind. Ab und zu hat sie für kurze Zeit Kopfschmerzen.

All diese Symptome lassen uns ahnen, dass es keinen vollständigen Stillstand gibt, obwohl sie medizinisch als stabil eingestuft wird. Trotzdem läuft unser Alltag recht problemlos, denn an Annes positiver Haltung hat sich nichts geändert. Sie sieht alle ihre Arzt- und Therapietermine als positive Highlights und genießt weiterhin die Kontakte zu unserer Familie und ihren Freundinnen.

Für mich ist es auch sehr schön, dass ich nun an zwei Nachmittagen in meiner ehemaligen Schule in der Hausaufgabenbetreuung arbeiten und dabei wirklich abschalten kann. Nihal hat durch die vielen kleinen „Betreuungskontakte" auch nie Langeweile.

Dies ist nun schon das dritte Osterfest, das wir gemeinsam mit Anne nach dem Ausbruch ihrer Krankheit feiern dürfen. Wohl niemand hätte damals geglaubt, dass sie auch nur das erste erlebt. Mit großer Dankbarkeit nehmen wir immer wieder wahr, dass uns der Sinn dieses Festes hilft, durch den Horizont zu sehen.

So wünschen wir allen ein gesegnetes Osterfest! ...

Freitag, 6. April 2012

Annes 20. Geburtstag! Sie freute sich riesig über die 20 lila Teelichter, die ich in Form einer Zwanzig aufs Tablett gestellt hatte. Am Nachmittag kamen ihre Schulfreunde, unsere Familie und ein paar Nachbarn und sie hielt den Tag gut durch.

Drei Tage später machten wir unser letztes Familienfoto mit Anne, auf dem sie noch recht fröhlich und munter aussieht.

Mail an Frau Bargfeld

... Anne hat sich sehr über Ihre Nachricht zum Geburtstag gefreut. Ich habe ihr geholfen, sie zu finden, denn allein kommt sie meistens nicht zurecht mit Facebook. Eine Zeit lang hatte sie sogar ihr Passwort vergessen, sodass sie überhaupt nicht mehr reinkam. Man kann es sich kaum vorstellen, aber sie schafft es nicht, die Nachrichten systematisch zu lesen, geschweige denn zu beantworten. Die meisten findet sie überhaupt nicht. Ich weiß aber, dass sie sich riesig freuen würde, Sie wiederzusehen. Wenn Sie möchten, können Sie mit mir einen Termin vereinbaren. ...

... Vielen Dank für Ihre Nachricht. Leider kann ich so schlecht einschätzen, was man Anne zumuten kann und was nicht. In Ihrer Rundmail klang alles im Wesentlichen positiv. Daher freue ich mich, dass Sie mir mit ein paar Details auf die Sprünge geholfen haben. Ich hatte schon des Öfteren den Gedanken, Anne mal wieder zu besuchen, war aber, ehrlich gesagt, davon ausgegangen, dass ihr mein Name nicht mehr viel sagt, da wir ja nur im 11. Schuljahr zusammen Unterricht hatten. Mir schien es auch unangemessen, sie immer mit „Schulthemen" zu konfrontieren. Daher habe ich bisher davon Abstand genommen. ...

Wenn Sie sagen, dass es für Anne eher eine Freude als eine Belastung wäre, wenn ich sie besuchen würde, dann würde ich das sehr gerne tun, evtl. sogar ganz gerne mit einer Schülerin zusammen. Vielleicht entspannt das für Anne das Gespräch. Sollte das aber zu viel für Anne sein, sagen Sie mir einfach Bescheid. ...

... Anne freut sich sehr darüber, dass Sie sie besuchen kommen möchten. Ich habe den 3. Mai schon eingetragen. Gerne kann auch die Klassenkameradin mitkommen.

... Natürlich sagt Ihr Name Anne noch sehr viel. Ihr Personengedächtnis ist eigentlich nicht beeinträchtigt. Sie kommt nur, wie gesagt, mit den technischen Dingen wie Handy, Facebook, Mails, Schüler-VZ usw. nicht mehr zurecht. Ich weiß nicht, ob es am fehlenden Überblick oder Antrieb liegt. Besuche genießt sie jedenfalls sehr.

Am Freitag waren mal wieder acht (!) Schüler aus ihrer ehemaligen Stufe zu Besuch. Ich finde es außerordentlich bemerkenswert, dass sie immer noch den Kontakt halten. Zu tiefgründigen Gesprächen ist sie natürlich nicht mehr in der Lage (das vermisse ich auch sehr), aber sie genießt die Gemeinschaft und das Gefühl, nicht vergessen worden zu sein. Ab und zu versucht Anne auch, schon gelesene Karten oder Briefe noch mal zu lesen, aber das ist eher schwierig. Ich habe dann den Eindruck, dass sie am Ende der Karte schon nicht mehr weiß, was am Anfang stand, von längeren Briefen ganz zu schweigen. Vor etwa zwei Jahren konnte sie lange Briefe noch gut erfassen. Wir haben inzwischen gelernt, mit Annes fehlendem Kurzzeitgedächtnis zu leben, bzw. lernen immer noch. ...

Donnerstag, 19. April 2012

Mail an eine Bekannte

... Nun haben wir endlich aktuelle Familienfotos (Ostern habe ich alle auf die Couch gesetzt), aber Daniel muss mir noch zeigen, wie man sie per Mail versendet. Im PC sind sie schon, hoffentlich finde ich sie auch wieder. Anne war

am Wochenende im Krankenhaus, da sie eine starke Hals-
entzündung hatte und weder Getränke noch Medikamente
schlucken konnte. So bekam sie für einige Tage Flüssigkeit,
Antibiotika und Schmerzmittel über den Port, und nun
sind wir froh, dass alles vorbei zu sein scheint. ...

Mai 2012

Einzelne Erinnerungen

* Anfang Mai fuhr Anne mit Leona zu Muriel, einer
  Freundin aus der Gemeinde, die sie auch sehr oft
  besuchte. Hier traf sich ihre alte Pfadfindergruppe unter Monas Leitung wieder einmal. Anne hat
  diesen Nachmittag gut durchgehalten und sich
  sehr wohlgefühlt.
* Immer noch fragte sie ab und zu unvermittelt:
  „War ich schon mal gestorben?"
* Beim „Set"-Spielen war sie immer noch gut!
* Da sie auch eine Wahl-Einladung bekommen hatte, nahmen wir sie mit zur Gesamtschule, wo
  unser Wahllokal war. Ich hatte zwar vorher versucht, ihr alles genau zu erklären, aber hinterher
  erzählte sie mir, dass sie doch auf jeder Seite zwei
  Parteien angekreuzt hatte! Anschließend wollte
  sie gerne noch ihren alten Klassenraum sehen,
  aber er war leider abgeschlossen.

Mail von Frau Bargfeld

... Ich wollte mich nur ganz kurz für den sehr, sehr schönen Nachmittag bedanken. Wir haben so viel geredet und Spaß gehabt. Und Anne war die ganze Zeit sehr interessiert und lustig. Ich habe das sehr genossen. Vielen Dank, dass Sie diese Treffen immer möglich machen. ...

Meine Antwort

... Für mich ist es ebenfalls sehr schön, wenn Anne Leute wiedersieht, die sie sehr mochte. Ich finde, man konnte an ihrem Blick sehen, wie positiv überrascht sie war, obwohl ich ihr mehrfach erzählt hatte, dass Sie kommen würden.

Seit gestern Abend hat sie mich mindestens fünfmal gefragt, was gestern alles so war, weil ihr episodisches Gedächtnis kaum funktioniert. Manchmal erzählt sie auch einfach ein bisschen Quatsch, weil sich Traum und Wirklichkeit bei ihr oft vermischen. Auch wenn sie also Besuche sehr schnell wieder vergisst, lohnt es sich dennoch, finde ich, weil sie sich eben so freut. Sie können jederzeit einen neuen Termin vereinbaren, wenn Sie möchten. ...

Wir erhielten einen Anruf aus der Klinik mit der Nachricht, dass das letzte MRT wieder offensichtliches Wachstum zeigte. Als ich Anne abends im Bett davon erzählte, meinte sie nur: „Och nee!"

Am nächsten Tag fragte sie mich, wann sie denn ihre nächste OP habe. Ich erklärte ihr, dass keine OP vorgesehen sei, sagte ihr aber nicht, dass eine solche auch zwecklos und gar nicht möglich sei.

Sie zeigte keine Reaktion. Vielleicht hatte sie meine Antwort sogleich wieder vergessen, vielleicht aber auch nicht.

Wiederum einen Tag später hörten wir im Auto von einer CD zufällig das Lied *Wir haben hier keine bleibende Stadt ...* Mir war so, als wischte sich Anne dabei eine Träne aus dem Auge.

Rundmail

... Am 14. Mai hatte Anne wieder ein Kontroll-MRT. Hierbei wurde nun nach langer Zeit des Stillstands wieder ein deutliches Tumorwachstum erkannt, und zwar im Bereich der stehen gebliebenen Tumorränder. Dieses Bild passt zu ihrem Allgemeinzustand, den wir im Alltag beobachten: starke Verlangsamung, häufige Schwäche- und Müdigkeitsphasen, in den letzten Wochen kamen auch öfter leichte Erkältungsinfekte hinzu, was früher nie der Fall war.

195

Einen schriftlichen Befund mit genauen Millimeterangaben bekommen wir noch. Sie soll die bisherige Chemo (*Cilengitide* in Form von Infusionen zweimal wöchentlich) weiterhin bekommen, auch wenn dieses Medikament eine starke Gewichtszunahme verursacht hat. In einigen Wochen soll dann zusätzlich und parallel dazu auch das *Temodal* (täglich in Tablettenform) gegeben werden, weil mit dieser Kombination auch schon gute Erfahrungen gemacht worden sind.

Temodal hatte sie vorher schon einmal für eineinhalb Jahre bekommen und gut vertragen. Diese Doppeltherapie soll sie dann so lange bekommen, wie sie es verträgt, um das Tumorwachstum noch so lange wie möglich aufzuhalten. Unser Arzt sagte uns, dass er es noch nicht erlebt hat, dass ein Kind dieses komplette *Temodal*-Programm so lange durchgehalten hätte wie Anne, und dasselbe gilt auch für die *Cilengitide*-Therapie. Wir nehmen diese (nun fast) drei Jahre als ein Geschenk, und man muss wirklich sagen, dass Anne weder körperlich noch seelisch leidet, sondern im Gegenteil: Sie freut sich weiterhin über alles. Deshalb wollen wir diese Therapien auch mitmachen, solange es möglich ist. So viel für heute. ...

Später erhielten wir den Arztbrief, in dem stand:
„... mittelfristig sehr schlechte Prognose ..."

Mail von einer Kollegin

... Vielen Dank für deine Mail, auch wenn sie mich unendlich traurig macht. Ich habe immer wieder die allergrößte Hochachtung vor euch, weil du und deine Familie diese schwere Zeit mit so viel Zuversicht meistert.

Es ist wirklich beruhigend, dass Anne offenbar selbst nicht leidet und sich noch freuen kann. Das empfinde ich wie ein Geschenk, aus dem die Menschen in ihrer unmittelbaren Umgebung die Kraft schöpfen können, nicht zu verzweifeln. ...

Auch Nihal, der bisher immer noch auf Heilung gehofft hatte (wer hätte das nicht?), erkannte nach einem Gespräch mit unserer Heilpädagogin, dass Anne stark abgebaut hatte und dass das Tumorwachstum sich bemerkbar machte: starke Verlangsamung, häufigere Kopfschmerzen und Schwindel, schnelle Ermüdung, Lähmungserscheinungen in einer Gesichtshälfte und im Arm, viele verwirrte Äußerungen, erneute Schluckprobleme und weniger Appetit. Er hatte, wie wir alle, Angst davor, Anne leiden zu sehen, und unterstützte mich noch mehr in allen Bereichen, wo er nur konnte.

Einige Wochen vorher hatte ich einen seltsamen Schwindelanfall gehabt, dessen Ursache wir bis heute nicht so genau kennen. Möglicherweise war er auch ein Resultat der Daueranspannung in dieser Situation. Jedenfalls nahm ich seitdem das Angebot wahr, mich regelmäßig mit Frau Stüben, unserer Heilpädagogin, zu unterhalten. Wir sprachen sehr offen darüber, dass Annes Weg wahrscheinlich bald zu Ende gehen würde, und sie meinte, dass Anne möglicherweise so sterben werde, wie sie auch gelebt habe: still, ruhig und geborgen.

Zwei Monate später wusste ich, dass sie damit recht gehabt hatte.

Freitag, 1. Juni 2012

Auch dieses Jahr wollte uns der Förderverein gerne wieder einen Urlaub spendieren, aber ich konnte mich irgendwie zu nichts entschließen, weil mich die Veränderungen in Annes Befinden beunruhigten. Sie konnte nur mit großer Mühe die Treppe hinauf- und hinuntergehen, natürlich mit Hilfe. Die Gleichgewichtsstörungen traten häufiger auf, ebenso wie die kurzen Kopfschmerzphasen (nun mehr im Bereich des linken Ohres) und die Verkrampfung im linken Arm und im Mundbereich; Schluckschwierigkeiten machten das Essen problematischer.

Trotzdem schaffte sie Anfang Juni noch einen Ausflug zur Eisdiele und schob ihren Rollstuhl auf dem Hinweg ca. 500 m weit! Eine Woche später ging sie mit einer Bekannten noch einmal dorthin (ich brachte sie mit dem Auto und holte sie auch wieder ab), aber an diesem Ausflug hatte sie schon deutlich weniger Freude, denn sie war extrem müde.

Bei der Physiotherapie erzählte sie der Sekretärin ganz sachlich und klar, dass sie vor kurzer Zeit eine Untersuchung gehabt habe, die gezeigt habe, dass der Tumor wieder gewachsen sei, aber dass sie, Gott sei Dank, keine Schmerzen habe. Das zeigte mir doch, dass Anne die Nachricht von dem neuen MRT-Ergebnis doch sehr bewusst aufgenommen hatte und dass ihre häufigen Fragen („Bin ich schon mal gestorben?") vielleicht doch nicht nur unbewusste Beweggründe hatten.

Samstag, 2. Juni 2012

Mail an Frau Stüben

... Danke, dass Sie an unseren Urlaub gedacht haben. Ich muss ehrlich sagen, dass ich mich zurzeit nicht entscheiden kann, überhaupt etwas festzulegen bezüglich eines Urlaubs. Irgendwie bin ich unruhig, wie sich Annes Situation weiter entwickelt, sodass ich eigentlich am liebsten zu Hause bin. Andererseits hat Anne ja bis jetzt immer alle Zeitpläne gesprengt, sodass ich mich möglicherweise auch täusche. Aber ich habe auch ein bisschen Sorge, wie die Zeit der „Doppeltherapie" aussehen wird. ...

Anne war am Tag zuvor im Wohnzimmer hingefallen, vermutlich wegen Gleichgewichtsstörungen. Sie hatte sich nicht wehgetan, aber wir konnten sie nur mit viel Mühe wieder aufrichten, weil sie sehr schwach war.

Heute schlief sie nach dem Mittagessen, wie so oft, auf der Couch tief ein, aber sie war auch nach Stunden nicht wachzubekommen. Auch als ich versuchte, sie hinzusetzen und ihr den Strohhalm zwischen die Lippen zu schieben, schnarchte sie leise weiter und machte nicht einmal die Augen auf. Seltsamerweise reagierte sie aber adäquat auf meine Fragen durch Nicken oder Kopfschütteln.

Ich sagte erst einmal die Ergotherapie ab, schickte ihre Freundinnen wieder nach Hause, die sie besuchen wollten, und rief dann nach vier Stunden Tiefschlaf Dr. Imschweiler an. Er meinte, es könne ein Krampf sein oder eine Gehirnblutung oder der Beginn der finalen Phase. Um das abzuklären, müssten wir mit einem Krankentransportwagen zur K5 kommen.

Als die Sanitäter hereinkamen, wurde Anne endlich wach, behielt aber lange einen starren Blick mit weit aufgerissenen Augen. Erst als sie im Krankenhaus von Dr. Imschweiler untersucht wurde, normalisierte sich ihr Blick, und sie fing wieder an zu sprechen.

Dr. Imschweiler erklärte ihr: „Du bist hier im Krankenhaus."

Anne: „Das sehe ich!"

Ich: „Ach, jetzt wird sie wieder frech."

Dr. Imschweiler: „Das ist gut so!"

„Hab ich geschlafen?"

Ich: „Ja, du hast so tief geschlafen, dass ich dachte, du wachst gar nicht mehr auf."

Anne: „Oh, entschuldige bitte! Danke, dass du mit mir hier bist!"

In den nächsten drei Tagen blieb sie auf der K5 und ich durfte sogar bei ihr bleiben und im selben Zimmer schlafen.

Die genaue Ursache für diese Tiefschlafphase konnte nicht ermittelt werden. Eine Ärztin meinte, dass Anne während des Tiefschlafs adäquat reagiert habe und sich locker hinsetzen ließ, spräche gegen einen Krampf.

Noch im Krankenhaus wurde für uns die Pflegestufe III beantragt, denn Annes Fähigkeit zu laufen hatte sich deutlich verschlechtert. Noch vor unserer Entlassung wurde zu Hause das Pflegebett angeliefert und im Wohnzimmer aufgestellt (dank Monas tatkräftiger Mithilfe). Anne war zuerst nicht sehr begeistert davon und ließ sich am ersten Abend doch lieber nach oben in ihr Zimmer bringen. Am nächsten Tag meinte sie: „Toll, dass hier unten ein Bett ist!"

Samstag, 23. Juni 2012

Als Anne am Morgen das aktuelle Datum hörte, sagte sie sofort: „Carolins Geburtstag!" Am Abend waren wir auch bei Carolin, einer Freundin aus der Gemeinde, im Garten zur Feier eingeladen. Anne saß im Rollstuhl.

„Ich wollte lieber rumlaufen und mit den Leuten reden!", sagte sie traurig. Das war alles. Kein Aufbegehren, kein weiteres Klagen. Es war, als ob ihr nun ihre Situation völlig klar wäre. Sie war den ganzen Abend über recht still und ernst.

Montag, 25. Juni 2012

Heute teilte uns Dr. Imschweiler mit, dass die Firma, die das Infusionsmedikament ein Jahr lang kostenlos zur Verfügung gestellt hatte, es nun wegen des Progresses nicht weiter tun würde.

„Soll ich versuchen, es über Rezept zu bekommen?", fragte Dr. Imschweiler.

Anne antwortete, ohne zu zögern: „Ja!", noch bevor ich anfangen konnte zu denken. War ihr die Bedrohlichkeit der Situation nun klar, sodass sie nach diesem Strohhalm griff?

In dieser Woche mussten wir mehrere Therapien absagen bzw. verkürzen, weil Anne so müde war. Das Trinken klappte auch immer schlechter, sodass wir die eigentlich geforderten 1.000 ml schon lange nicht mehr schafften.

Anne bekam morgens nun wieder die *Temodal*-Chemotabletten, die sie auch diesmal wieder gut vertrug. Auch das Schlucken ging besser, als ich dachte.

Da das Wetter sehr schön war, saßen wir im Garten und versuchten, Gesellschaftsspiele zu spielen. Sie wünschte sich „Set", aber sie sah keine einzige Kombination. „Bei diesem Spiel war ich doch mal sehr gut, nicht? ... Und jetzt gar nicht mehr!", stellte sie fest.

Auch jetzt wirkte sie völlig klar, sehr traurig und es kam keine weitere Klage.

Mail an Frau Stüben

... Zunächst einmal herzlich willkommen zurück, und wir hoffen, dass Sie einen erholsamen Urlaub hatten. In Bezug auf die kleine Fahrt, die ich planen sollte, [muss ich sagen, dass ich seit dem letzten Krankenhausaufenthalt jetzt irgendwie in Habachtstellung bin und mich nicht mehr traue, irgendetwas fest zu planen.] ...

Da Nihal und ich am Abend zu Daniels Fach-Abitur-Feier gingen, kam Mona in dieser Zeit zu Anne. Sie hatte Vapiano-Essen mitgebracht, spielte ihr auf dem Klavier vor und sie sahen sich zusammen eine DVD an.

Mona sagte u. a. zu Anne: „Ich habe Angst, dass du stirbst!"

Anne: „Nein, ich sterbe nicht."

„Wieso weißt du das?"

„Wegen Jesus."

Als Mona mir davon erzählte, war ich zunächst verunsichert, wieso Anne denn jetzt davon ausging, dass sie nicht stirbt, obwohl sie doch schon unzählige Male vorher davon gesprochen hatte. Dann brachte mir ein hilfreicher Hinweis die mögliche Erklärung: Natürlich wusste Anne, dass ihre Zeit hier begrenzt war, aber sie wusste auch, dass sie durch Jesus einfach in die andere Daseinsweise hinübergehen durfte.

Samstag, 30. Juni 2012

Bei dem Onko-Turnier in Uerdingen, an dem auch Daniel teilnahm, konnte Anne ca. vier Stunden zugucken. Sie saß im Rollstuhl, Mona und die Kids waren auch da. Sie beobachtete alles sehr aufmerksam, war aber sehr still und sprach kaum mit den Leuten. Zu Hause sagte sie nur: „Ich bin so schwach!"

„... weil ich ja dann bei Jesus bin."

Anne Karunaratna

Schon zum zweiten Mal konnte Anne nicht mit zum Gottesdienst, weil sie zu müde war. Nihal blieb bei ihr zu Hause. ...

Als sie am Abend trinken wollte, verkrampfte sich ihr Mund für einen kurzen Moment sehr stark und sie schien auch Schmerzen zu haben. Es war aber gleich wieder vorbei.

Heute reisten Nihal und Daniel nach Sri Lanka ab. Sie hatten lange überlegt, ob sie überhaupt fliegen sollten, aber ich ermutigte sie dazu, denn die Reise war ja schon lange geplant. Es war mit dem Reisebüro vereinbart, dass sie den Rückflug auch kurzfristig umbuchen konnten.

Beim Onko-Frühstück war Anne sehr still. Dr. Imschweiler teilte uns mit, dass das *Cilengitide* hier in Deutschland noch nicht über Rezept zu bekommen sei. Wir sollten einfach mit dem *Temodal* weitermachen, solange es ginge. Die Inhalation schaffte Anne problemlos.

Am Nachmittag war Noahs Geburtstagsfeier (4). Dennis ließ Anne ein kleines Stückchen allein laufen, aber es passierte nichts. Anne saß ganz still mit am Tisch und hielt gut durch. Am Abend zu Hause war das Trinken und *Zofran*-Schlucken extrem schwierig. Ich wurde ungeduldig, entschuldigte mich aber später dafür.

Da ich über Mittag in die Schule musste und Nihal ja in Sri Lanka war, durfte Anne in dieser Zeit zu Lisa, einer Nachbarin. Es hat beiden sehr gut gefallen.

Am Nachmittag bekamen wir Besuch vom Düsseldorfer Palliativteam. Schwester Martina hatte uns schon öfter besucht, aber Dr. Ohmmen, der noch nicht lange in diesem Team war, wollte Anne gern kennenlernen. Er verordnete eine dickere Matratze für Annes Pflegebett.

In diesen Tagen stand Anne fast nur zum Essen auf und legte sich dann sofort wieder völlig erschöpft ins Bett. Alle Therapien konnte ich zu Hausbesuchen umorganisieren.

Rundmail

... Die Veränderungen in Annes Befinden scheinen jetzt mit schnelleren Schritten zu kommen. Seit knapp drei Wochen hat sie sehr starke Gleichgewichtsstörungen, sodass wir sie keinen Schritt allein laufen lassen. Das Aufstehen fällt ihr ohnehin sehr schwer und sie liegt die meiste Zeit sehr still und sehr müde im Bett. Gott sei Dank hat sie bis jetzt keine Schmerzen oder Übelkeit.

Sie versteht zwar alles, ist aber oft zu müde zum Reagieren. Der Appetit hat etwas nachgelassen und sie trinkt noch weniger als sonst. Anne bekommt nun doch keine Infusionen mehr, aber die Chemotabletten toleriert und verträgt sie gut. Da es jetzt viel beschwerlicher für sie ist, mit mir irgendwohin zu fahren, versuchen wir, die Therapien als Hausbesuche zu organisieren. Vor etwas mehr als zwei Wochen hatte Anne an einem Nachmittag eine seltsame Tiefschlafphase, aus der wir sie zunächst nicht erwecken konnten. Erst nachdem wir sie ins Krankenhaus gebracht hatten, normalisierte sich alles wieder weitgehend. Nach zwei Tagen konnten wir wieder nach Hause fahren. Seitdem hat sie ein Pflegebett unten im Wohnzimmer, aber bis jetzt wollte sie nachts lieber oben in ihrem Zimmer schlafen, was mit ein wenig Mühe auch noch möglich ist.

Nihal und Daniel sind zurzeit für drei Wochen in Sri Lanka. Ich hatte ihnen zugeredet, die lange geplante Reise anzutreten, zumal sie sich sehr darauf gefreut hatten. Außerdem habe ich viel Unterstützung durch Mona und Dennis. Viele Nachbarn haben mir auch ihre Hilfe angeboten, die ich aber bisher noch kaum in Anspruch zu nehmen brauchte. Aber es ist ein gutes Gefühl zu wissen, dass man von so vielen lieben Leuten umgeben ist. So kann ich ganz ehrlich sagen, dass ich sehr dankbar bin für alles, auch wenn kein Mensch weiß, wie viel Zeit Anne noch hat. ...

Mail an die Schülergruppe aus Annes Stufe,
die Anne regelmäßig besucht hat

... Gerade heute wollte ich euch auch schreiben, damit euch die veränderte Situation nicht zu sehr überrascht. Anne wird sich sicher sehr freuen, euch zu sehen, aber seid bitte nicht zu enttäuscht, wenn sie ... kaum reagiert. Sie hat stark abgebaut. Wir wissen nicht, wie viel Zeit sie noch hat. Wenn ihr die Situation aushalten könnt, würde ich mich sehr freuen, wenn ihr kommt. ...

Freitag, 6. Juli 2012

Mail an eine Bekannte

... Es ist auch schon seit längerer Zeit mein Gebet, dass Anne einen leichten Heimgang hat. Das Wichtigste für uns ist, dass sie genau weiß, wo sie hingeht, auch wenn sie es jetzt nicht mehr so formulieren könnte. ...

Samstag, 7. Juli 2012

Heute sagte Anne spontan: „Irgendwie vermisse ich den Daniel!"

Am Nachmittag kamen ihre Schulfreunde und brachten sogar Kuchen mit (als Ersatz für das versprochene Picknick, das jetzt nicht mehr möglich war). Anne saß über eine Stunde lang mit ihnen am Tisch, dann wollte sie aber doch hingelegt werden. Sie wirkte unendlich schwach und müde. Ich spürte, dass es in ihrer Krankheit wieder einen deutlichen Schritt abwärts gegangen war.

Zum ersten Mal war sie zu schwach, um mit mir zur Toilette zu gehen, und so holte ich den bisher unbenutzten Toilettenstuhl. Von jetzt an schlief sie auch nachts im Pflegebett und konnte nicht mehr nach oben gehen. Ich versuchte, mit ihr zu beten, konnte aber nicht so richtig ausdrücken, was ich empfand.

Ich versuchte, ihr danach noch einmal zu erklären, dass sie, wenn sie so schwach wäre, einfach zu Jesus hinübergehen könnte und dass er auf sie wartete und dass ich sie sehr, sehr lieb hätte. Sie hörte mit großen Augen zu. Dann fragte ich sie noch, ob ich auch unten auf der Couch schlafen sollte, aber sie verneinte.

Sonntag 8. Juli 2012

Ich beschloss, Anne keine *Temodal*-Tabletten mehr zu geben, da sie ohnehin kaum etwas aß und trank und das Schlucken immer schwieriger wurde.

Als ich Anne fragte, ob sie noch wisse, wer am Tag zuvor da gewesen war, antwortete sie klar: „Meine Freunde aus der Schule, meine liebsten."

Körperlich war sie allerdings total schwach. Ich musste sie mit dem Rollstuhl zum Frühstückstisch fahren. Nachdem ich sie mit Mühe wieder in ihr Bett gebracht hatte, rief ich unsere Heilpädagogin Frau Stüben an (die mir immer gesagt hatte, dass ich sie jederzeit anrufen könnte), weil ich durch Annes plötzliche Schwäche so verunsichert war. Sie kam spontan an diesem Sonntagmorgen für einige Stunden zu Besuch und redete mit uns.

Als sie hörte, dass Anne so gerne am nächsten Tag zum letzten Onko-Frühstück vor der Sommerpause kommen würde, aber dass ich mir nicht vorstellen konnte, sie in ihrer Schwäche mit meinem Auto zu transportieren, schlug sie sofort vor, uns morgens mit dem Behindertenauto ihrer Mutter samt Comfort-Rollstuhl abzuholen und nach dem Frühstück auch wieder nach Hause zu bringen. Dieses Angebot nahmen wir sehr gerne an.

Tagsüber kamen nacheinander noch andere Besucher (Muriel und Karo aus der Gemeinde, liebe Nachbarn, gute Bekannte und Manni). Anfangs redete Anne noch ein wenig, aber später war sie sogar schon zu müde zum Reagieren.

Montag, 9. Juli 2012

Nachdem Anne sehr gut geschlafen hatte, fragte ich sie, ob sie etwas geträumt hätte (habe ich sonst nie gefragt). Sie nickte. Später, nach dem Waschen,

211

konnte sie auch reden (auch heute war sie trotz der körperlichen Schwäche total klar): „Mein ganzes Leben ist so an mir vorbeigezogen. Es war aber alles so unschön dargestellt."

Ich: „Aber du hattest doch so ein schönes Leben!?", sagte ich.

Anne: „Ich habe ein schönes Leben."

Ich: „War noch jemand in deinem Traum, an den du dich erinnern kannst? War ich dabei?"

Anne: „Nein, aber Sandra Schlitter. Ich glaube, es war wegen Mirco."

Ich: „Jesus hat uns alles Unschöne in unserem Leben vergeben, er ist dafür gestorben und hat eine wunderbare Zukunft im Himmel für uns."

Anne: „Ja, Gott sei Dank dafür. Da freu ich mich schon drauf!"

Frau Stüben kam zur vereinbarten Zeit und holte uns ab. Anne sprach nicht, aber man konnte merken, dass sie gerne zum Onko-Frühstück fuhr.

Ich erzählte Frau Stüben von Annes Traum (als Anne uns nicht hören konnte), und sie meinte auch, dass Annes Abschiedszeit nahe sei und dass Nihal und Daniel zurückkommen sollten, damit sie sich verabschieden könnten. Es sei unwahrscheinlich, dass Anne noch zwei Wochen schaffen würde.

Anne saß lange am Tisch, sprach zwar so gut wie gar nicht, aber wollte noch bleiben, als wir sie fragten, ob sie nach Hause wollte. Es war, als ob sie spürte, dass das ihr letztes Onko-Frühstück war.

Bei Dr. Imschweiler kamen wir schnell dran, weil Frau Stüben ihn schon informiert hatte. Er war mit der Absetzung der *Temodal*-Tabletten einverstanden, gab uns eine Verordnung für den Pflegedienst (weil ich mir das Duschen von Anne allein nicht mehr zutraute) und vereinbarte sogar Hausbesuche zusammen mit Frau Stüben.

Anne sprach leider nicht mit ihm, reagierte aber adäquat auf alle Anweisungen.

Frau Stüben brachte uns wieder nach Hause und Anne schlief im Bett sofort ganz tief ein.

Nachmittags kam Mona, damit ich einkaufen gehen konnte. Abends war Anne nicht mehr ganz so schwach wie an den beiden Abenden zuvor!

Mail an Frau Stüben

... Jetzt habe ich ganz vergessen, mit Ihnen über den Termin am Freitag zu sprechen. Die Leiterin des Pflegedienstes hatte mir Sonntagabend gesagt, dass ihre Mitarbeiterin jeden Dienstag- und Freitagvormittag zum Duschen kommen würde, ca. 10.30 oder 11.00 Uhr. So genau kann der Pflegedienst das natürlich nicht vorher sagen. Das würde nun leider mit dem Mal- und Frühstückstermin kollidieren. Ich finde es schade, aber weiß im Moment keine Lösung.

Heute war Mona für eine Weile bei Anne, während ich einkaufen war, und hatte mal wieder eine originelle Idee. Sie fing an, mit Anne Zettelchen zu schreiben, und stellte dabei fest, dass Anne besser schreiben als reden kann. Ich gebe den „Dialog" hier mal wörtlich wieder:

Mona: „Schreib mir was!"
Anne: „Ja, was denn?"
Mona: „Schaffst du das noch?"
Anne: „Doch, ich glaub schon."
Mona: „Denkst du, du musst bald sterben?"
Anne: „Ja, weil ich so schwach bin."
Mona: „Wär das okay für dich?"
Anne: „Ja, weil ich ja dann bei Jesus bin."
Mona: „Schaffst du das noch, bis Papa kommt?"
Anne: „Ja, klar!"

Auf solche Ideen kann wirklich nur Mona kommen. Ich hätte mich das nie getraut. Heute Abend habe ich mit meinem Mann telefoniert. Ich habe ihm alles erzählt, was gestern und heute so war, natürlich auch unsere Befürchtungen. Trotzdem habe ich ihm gesagt, dass man einfach keine zeitliche Prognose geben könne und er solle nicht meinetwegen kommen, ich käme schon klar.

Mein Mann wäre am liebsten sofort losgeflogen, war aber unsicher, wie Daniel reagieren würde. Aber der rief mich kurz darauf selbst an und meinte, er wäre auch dafür zurückzukommen; ich solle da keine Bedenken haben und er könne in späteren Jahren wieder mal nach Sri Lanka fliegen. Da sich die beiden zurzeit im Landesinneren befinden und erst mal zu ihrem Quartier zurückkommen müssen, können sie eventuell erst am Freitag oder Samstag einen Flug nehmen.

So weit die Neuigkeiten. Nochmals vielen Dank für alles und noch einen schönen Abend! ...

Von nun an kam eine Schwester vom Pflegedienst dienstags und freitags, um Anne zu duschen. Anfangs war Anne nicht so begeistert, aber weil es immer dieselbe Schwester war, machte sie bald bereitwillig mit. Auch alle anderen Therapien fanden nun in Form von Hausbesuchen statt.

Am Nachmittag kam ein älteres Ehepaar aus der Gemeinde zum Kaffee. Die Stimmung war etwas gedrückt, weil die beiden bestimmt erschrocken waren über Annes Zustand.

Anne wollte sogar aufstehen zum Kuchenessen und schaffte ein ganzes Stück! Sie sprach nur sehr wenig, aber klar und vernünftig. Jeden Tag kamen meist mehrere Besucher – teils, weil sie wussten, dass ich allein mit Anne war, teils, weil jeder spürte, dass Anne nicht mehr viel Zeit hatte.

Gestern besuchten uns langjährige Bekannte aus Krefeld, aber auch einige Nachbarn. Heute kam Frau Stüben zu Mittag und Anne saß mit uns am Tisch! Sie lief überhaupt wieder mehr – mit Hilfe natürlich.

... Lieben Dank für dein Feedback. Seit meiner Mail hat sich Annes Zustand noch weiter verschlechtert. Sie ist nun unwahrscheinlich schwach, isst und trinkt kaum etwas. Obwohl sie alles versteht und mitbekommt, ist sie oft zu müde zum Reagieren und Antworten. Wenn sie mal spricht, ist sie erstaunlich klar. Sie hat auch schon ausgedrückt, dass sie sich auf den Himmel freut, weil sie ja dann bei Jesus ist. Nihal und Daniel haben ihre Reise abgekürzt und kommen schon morgen statt am 21.7. zurück. ...

Freitag, 13. Juli 2012

Nihal und Daniel kamen vorzeitig aus Sri Lanka zurück und Dennis holte sie vom Bahnhof ab. Als Anne sie sah, strahlte sie wie schon lange nicht mehr! Dennis kam in diesen Wochen täglich und brachte ihr auch manchmal ihre Lieblingssüßigkeit mit.

Samstag, 14. Juli 2012

Am Nachmittag brachten einige Mitarbeiter vom Förderverein der Kinderklinik das Behindertenauto, das uns für die nächste Zeit geliehen wurde. Anne war relativ fit und saß mit uns am Kaffeetisch. Zwei Freunde von Anne kamen auch kurz.

Am Nachmittag hatte sie einmal einen starren Blick mit weit aufgerissenen Augen (Krampf?), aber nur für kurze Zeit. Abends äußerte sie sogar den Wunsch, oben in ihrem Zimmer zu schlafen, aber das konnte ich ihr doch ausreden.

Mail an eine Bekannte

... Vielen Dank für deine ausführliche Mail. Ich habe mich sehr gefreut zu lesen, dass du ebenso wie wir erlebst, was es heißt, Gottes Nähe, Trost und Kraft gerade in schwierigen Situationen zu erleben. Mein Mann erlebt das schon zum zweiten Mal, denn ich hatte dir ja vielleicht erzählt, dass seine erste Frau vor 23 Jahren an Krebs gestorben ist, als Dennis und Mona acht und vier Jahre alt waren.

Wir sind sehr dankbar für unzählige Leute, die für uns beten. Vor allem haben wir wieder neu verstanden, dass die Ewigkeit das Wichtigste ist. Wenn wir an Jesus glauben und seinen Versöhnungstod für uns persönlich angenommen haben, dürfen wir wissen, dass wir ewiges Leben bei Gott haben. Dann ist es nicht mehr so wichtig, ob wir 20 oder 80 Jahre alt sind, auch wenn wir Anne so gerne behalten würden! Wir sind so froh, dass Anne diesen persönlichen Glauben schon vor ihrer Krankheit hatte und genau weiß, wohin sie geht. ...

Ebenso wünsche ich dir und deiner ganzen Familie weiterhin viel Kraft für die ganze Situation. ...

An diesem Morgen war Anne relativ fit. Sie ging mit meiner Hilfe zu Fuß zur Toilette und auch zum Frühstückstisch. Sie wollte auch unbedingt mit in den Gottesdienst, schlief aber vorher noch einmal tief auf der Couch ein und war dann zu müde, um loszufahren. „Ich bin so schwach!", stellte sie fest.

Morgens hatte sie noch relativ gut gegessen, aber für den Rest des Tages aß und trank sie sehr wenig.

Für Nihal war nun die Umstellung auf die neue Perspektive sehr schwer: Anne wird gehen.

Ein Ehepaar aus der Gemeinde, Adelheid und Volker, kam zu Besuch. Als Anne noch gesund war, hatte sie zusammen mit Adelheid die Pfadfindergruppe der kleinen Mädchen geleitet. Auch nachdem Anne krank geworden war, konnte sie weiterhin an den Stammtreffen teilnehmen, was ihr das Gefühl vermittelte, noch mitarbeiten zu können, obwohl sie in Wirklichkeit wahrscheinlich eher „eins der kleinen Mädchen" war. Adelheid hatte Anne auch sehr regelmäßig besucht.

Die beiden brachten eine DVD von der diesjährigen Kinderkirchenaktion mit, die Anne nun doch nicht hatte besuchen können, obwohl sie sich eigentlich darauf gefreut hatte. Als sie sich verabschiedeten, war wohl jedem bewusst, dass dies ein endgültiger Abschied war. Anne schaute sich die DVD noch am selben Tag mit Interesse an. Sie hatte auch Appetit, aber verschluckte sich oft.

Daniel spielte ihr auf dem Klavier das bekannte Lied von Samuel Harfst vor: *Denn der Herr tut heute noch Wunder ...*

Mail an eine Bekannte

... Anne ist sehr, sehr still geworden, obwohl sie alles versteht, sie redet wenig, dann aber sehr klar und vernünftig, liegt die meiste Zeit im Pflegebett. ...

Als diese Phase begann, waren wir schon sehr erschrocken und fertig, aber jetzt haben wir uns auch an diesen Zustand ein wenig „gewöhnt". Obwohl wir wissen, was das alles zu bedeuten hat, sind wir relativ entspannt und fühlen uns getragen, ich kann es nicht anders beschreiben und verstehe es eigentlich selbst nicht. Unser Gebet ist, dass sie so friedlich einfach einschläft; wir könnten es uns gut vorstellen. ...

Dienstag, 17. Juli 2012

Anne sprach weiterhin klar und vernünftig, aber wenig und leise. Mit Interesse schaute sie sich die Fotos

219

von der Kinderkirchenaktion auf dem Laptop an. Sie stand sogar dreimal allein aus dem Bett auf, als ich gerade nicht in der Nähe war! Sie wollte nicht mit dem Rollstuhl ins Bad gefahren werden, sondern mit meiner Hilfe laufen, sie wollte sich sogar die Zähne im Stehen putzen und schaffte es neuerdings wieder ohne meine Anweisungen!

Mittwoch, 18. Juli 2012

Am Nachmittag kamen Frau Stüben und Dr. Imschweiler das erste Mal zum Hausbesuch. Anne war erheblich munterer als in der vorigen Woche, redete mehr und konnte lange sitzen. Die Schluckstörungen schienen allerdings stärker zu werden.

Donnerstag, 19. Juli 2012

An diesem Tag war sie wieder total erschöpft. Als sie jedoch das Datum sah, sagte sie sofort: „Heute hat Josua Geburtstag!"

Nachmittags besuchte uns überraschend Herr Ritzka, der Lehrer von der Gesamtschule. Anschließend kam auch meine Kollegin zum Kaffee und Anne saß sogar mit am Kaffeetisch.

Die Sanitätsfirma lieferte einen großen Multifunktionsrollstuhl (leider ohne Bremsen), eine Rampe für die Außentreppe und einen Toiletten-Duschstuhl. Nach dem Duschen und der Physiotherapie war Anne total erschöpft. Als aber meine Schwester und mein Schwager zu Besuch kamen, saß sie sogar wieder für einige Zeit mit am Tisch. Auch ihnen merkte man an, dass ihnen die Endgültigkeit dieses Abschieds klar war.

Auch Daniel verabschiedete sich heute ganz bewusst von Anne, denn er fuhr mit den Jugendlichen unserer Gemeinde zum Pfadfinder-Sommercamp. Was Anne dabei dachte, war nicht zu erkennen. Es war wie immer: Anne war sehr vernünftig, war total erschöpft, aß sehr wenig, meist nur Schokopudding, Wassermelone oder Erdbeereis, weil fast alles andere zu schwierig zum Schlucken war.

Anne war wieder zu müde, um zum Gottesdienst zu fahren. Eigentlich wollte sie am Nachmittag im neuen Rollstuhl und mit dem neuen Auto vom Förderverein mit uns zu Mona, Thorsten und den Kindern fahren, aber auch das schaffte sie nicht. So kamen sie alle zu uns und brachten den Kuchen mit. Da das Wetter sehr schön war, saßen wir draußen, aber Anne wollte zunächst nicht einmal in den Garten gefahren werden.

Später willigte sie aber doch ein, dass wir sie mit vereinten Kräften in den Garten fuhren. Das war nicht ganz leicht, denn der große Rollstuhl musste ohne Bremsen die Schräge hinunterkommen. Über die Fotos, die wir an diesem Nachmittag machten (praktisch die letzten), war ich später sehr erschrocken: Annes Gesicht war total ausdruckslos, schon fast leblos!

In der Musiktherapie spielte Anne keine Harfe mehr, sondern blieb im Bett und begleitete das Gitarrenspiel mit Rhythmusinstrumenten. Hinterher sagte die Musiktherapeutin zu mir: „Anne ist total klar, versteht und weiß alles, hat ihre liebe Art nicht vergessen, auch wenn sie sonst viel vergisst."

Abends saßen Anne und ich noch recht lange bei offener Terrassentür in der Abendsonne, wo wir auch zusammen aßen. Anne war nun wirklich zu schwach, um mit mir hinauszugehen. Wir waren beide nicht in der Lage, über diese ungeheuerliche Trennung zu sprechen, die uns bevorstand, weil es zu traurig und zu schwer gewesen wäre. Wir brauchten es auch nicht. Wir spürten wahrscheinlich beide, was der andere dachte. Für Anne waren sowieso die wichtigsten Fragen geklärt durch ihren Glauben.

Dienstag, 24. Juli 2012

Neuerdings hatte ich Anne eine kleine Glocke ans Bett gestellt, damit sie sich nachts besser bemerkbar machen konnte. Bereits um 5.30 Uhr hatte sie damit geklingelt, was ich gut durch das Babyfon hören konnte. Sie hatte Hunger und wollte etwas Banane essen. Dann ruhte sie noch weiter bei ihrer Lieblingsmusik. Später beim Frühstück schaffte sie noch eine ganze Portion Cornflakes, aber sie war unendlich schwach und ließ sich daher füttern.

Schon im Bett hatte sie manchmal leise gestöhnt, aber meine Frage, ob sie Schmerzen oder Übelkeit hätte, verneinte sie. Bei der Ergotherapie machte sie gut mit (linke Hand bewegen) und sprach viel, gewann sogar bei „Wer ist es?".

Am Nachmittag kam eine Mutter zu Besuch, die ich in der Klinik kennengelernt hatte. Anne saß mit am Tisch, redete sehr wenig, wusste aber noch den Titel des Buches, aus dem ihr am Tag zuvor eine Freundin vorgelesen hatte! Als sich die Besucherin verabschiedete, spürte ich wieder, dass dies ein endgültiger Abschied war.

Mittwoch, 25. Juli 2012

Um 3.30 Uhr klingelte Anne, weil sie den Toilettenstuhl brauchte. Danach schlief sie weiter bis zum Frühstück. Alles – aufstehen, gerade hinstellen, in den Rollstuhl setzen – fiel ihr unendlich schwer. Trotzdem schaffte sie am Frühstückstisch mit meiner Hilfe die ganze Portion Cornflakes.

Wieder im Bett, guckte sie die meiste Zeit starr geradeaus, reagierte kaum, obwohl sie alles verstand. Sie war so unendlich schlapp. Nihal hatte am Morgen zu ihr gesagt: „Anne, du bist so schwach. Willst du nicht zu Gott gehen?"

Sie antwortete: „Ja."

Dennis spielte lange mit Noemi, die den Mittwochvormittag immer bei uns verbrachte, und war uns damit eine große Hilfe. Als Mona kam, um Noemi abzuholen, war sie auch geschockt, wie schlecht Anne aussah. „Sollen wir Daniel anrufen oder schaffst du es noch bis Samstag? Heute ist Mittwoch."

Anne gab zu verstehen, dass wir ihn nicht anrufen sollten. (Mona rief Daniel von zu Hause aus an, und der sagte, er habe sich schon am Samstag von

Anne verabschiedet.) Zu uns meinte sie, falls wir Anne noch einmal etwas sagen wollten, dann sollten wir es bald tun, sonst würden wir uns Vorwürfe machen.

Als ich später mit Anne allein war, nahm ich die Gelegenheit wahr: „Anne, du bist sehr schwach. Wenn es so ist, dass du zu Jesus gehst, wirst du nicht lange warten müssen, bis wir auch kommen, denn du bist dann außerhalb der Zeit. Nur für uns wird es eine Wartezeit geben. Aber dann werden wir alle zusammen bei Jesus sein, ohne Schmerzen, ohne Schwachheit, ohne Ängste. Du hast weit über 100-mal gesagt, dass du dich sehr auf den Himmel freust (das wusste sie nicht mehr). Das ist ein großer Trost für uns, denn so wissen wir, dass wir eines Tages dort zusammen bei Jesus sein werden. Ich bin so unendlich stolz auf dich. Du bist von Anfang an so ein liebes Kind gewesen. Du bist etwas ganz Besonderes für mich! (Anne ganz überrascht: „Oh, vielen, vielen Dank!") Wenn ich mal ungerecht oder ungeduldig zu dir war, tut es mir leid. (Sie machte eine wegwerfende Handbewegung.) Ich würde dich so gerne behalten, aber wenn die Krankheit das nicht erlaubt ... Alle Ärzte staunen, dass du trotz dieser schweren Krankheit drei Jahre geschafft hast – und so gut geschafft hast!"

Es schien, als wollte Anne etwas sagen. Als sie endlich den Mund öffnen konnte, sagte sie: „Bitte süß!"

Später sprach Nihal auch mit ihr: „Ich hatte so gehofft, dass Gott dich heilen würde ..."

Beim Hausbesuch von Frau Stüben und Dr. Im-schweiler war Anne deutlich schwächer als in der Woche zuvor. Sie lag im Bett, reagierte kaum und war unendlich müde. Sie verstand aber alles, was gesprochen wurde, und wenn sie etwas sagte, war es ganz klar. Frau Stüben zeigte und erklärte ihr noch einmal alle Bilder, die Anne zusammen mit ihr gemalt hatte. Schon vorher hatte Frau Stüben mir einmal erklärt, dass Annes letztes Bild ganz anders sei als die vorigen. Zu der Zeit, als sie es gemalt hat-te, ging es ihr schon deutlich schlechter, und sie hatte vielleicht angefangen zu spüren, dass jetzt ein Weg kam, den sie allein gehen musste. Bei die-sem Bild hatte sie alle Einzelheiten allein vorgege-ben, nicht wie sonst zusammen mit Frau Stüben be-sprochen. Das Bild war wie ein viereckiger Tunnel in Lila- und Grüntönen, mit sehr viel Tiefe. Frau Stüben meinte, alle Bilder von Anne seien sehr harmonisch und strahlten Ruhe und Geborgenheit aus. Anne lebe das, was sie glaube. Sie habe niemals gegen ihre Krankheit rebelliert. Anne rede ohne Worte – durch ihre Bilder und durch ihre Art. Frau Stüben meinte: „Anne hat recht, sie stirbt nicht, sie geht einfach so hinüber ...“

Am Abend war Anne so schlapp, dass ich sie kaum hoch- bzw. wieder ins Bett bekam. Sie schien über-haupt keine Kraft mehr in den Gliedern zu haben und sah fast bewusstlos aus, obwohl sie vernünftig reagierte.

Um 1.30 Uhr läutete Anne ihre Glocke und sagte völlig klar zu mir: „Meine rechte Ferse tut so weh."

Die Ärzte hatten mich schon vorher auf die Gefahr des Wundliegens hingewiesen, und so schob ich ihr sofort ein Keilkissen unter die Waden. Um 6.00 Uhr läutete sie wieder, weil sie den Toilettenstuhl brauchte, was wegen ihrer Schwäche fast unmöglich war.

Ich sagte die Maltherapie ab und rief stattdessen das Palliativteam in Düsseldorf an. Dr. Balzer kam mit einer Krankenschwester, machte bei der Sanitätsfirma noch einmal Druck wegen der Weichlagerungsmatratze und erklärte mir, dass das Fieber (ca. 38°) und die Atmungsschwierigkeiten vom Tumor kommen könnten.

Ich informierte den Pflegedienst, dass ab morgen täglich jemand kommen sollte. Abends fragte Frau Stüben noch einmal telefonisch nach, wie es uns ginge, und kam dann spontan vorbei, um mir zu zeigen, wie ich Anne im Bett waschen und mit Windeln versorgen konnte.

Mail an Roman Siewert

... Wie du sicher schon unserer letzten Rundmail entnommen hast, geht es Anne zunehmend schlecht, und dieser Prozess scheint nun in Riesenschritten voranzugehen. Gott sei Dank hat sie immer noch keine Schmerzen, Übelkeit oder Krämpfe, was aber nach Aussagen der Ärzte noch kommen könnte. Sie ist nur unendlich schwach; seit vorgestern kann ich sie nur mit äußerster Anstrengung in den Rollstuhl setzen. Es kann sein, dass sich dieser Prozess noch länger hinzieht, aber es kann auch sein, dass sie nur noch ganz wenig Zeit hat und die Beerdigung nicht mehr weit ist. Ich weiß nicht, ob es angesichts deines Terminplans eine Anmaßung ist zu fragen, ob du bereit wärst, die Beerdigung zu halten, aber ich würde mich darüber sehr freuen. ...

Antwort von Roman Siewert

... Danke für dein Vertrauen, auch von deinem Mann und euch als Familie. Es macht mich schon betroffen, das Schwächerwerden eurer Tochter. Aber selbstverständlich bin ich bereit, den Abschiedsgottesdienst, wenn die Ewigkeit ihr Wort gesprochen hat, zu machen. ...

Freitag, 27. Juli 2012

Am Freitagmorgen wurde die Weichlagerungsmatratze geliefert. Als gerade Schwester Doreen vom Palliativteam da war, um noch einige Hilfsmittel zu bringen, rief ich schnell Bianca, eine Nachbarin, an, die gelernte Krankenschwester ist, und gemeinsam schafften wir es, Anne auf die neue Matratze zu betten.

Die beiden legten Anne mit geübten Griffen auf die Couch und ich wechselte schnell die Matratzen aus. Anne war total schlapp, selbst Zeichensprache schien manchmal zu schwer zu sein. Ich fand Annes Atmung heute relativ flach und schnell.

Mona hatte mir am Telefon erzählt, dass Noah heute Mittag unvermittelt zu weinen angefangen habe: „Ich will nicht, dass die Anne stirbt! Das ist doch meine allerbeste Freundin! Ich wollte noch so viel mit der Anne spielen!"

Mona: „Wir fahren ja nachher dahin. Wir können der Anne auch einen Milchshake von McDonald's holen."

Noah: „Nein, das dauert zu lange. Das schaffen wir nicht!"

Am Nachmittag kam Mona mit den Kids und Noah lief sofort zu Anne: „Ich weiß, dass du bald stirbst. Das hat meine Mama mir gesagt. (Anne sagte nichts dazu.) Guck mal, ich hab Flip-Flops, solche kann die Oma dir ja auch kaufen. Aber du kannst ja nicht laufen."

Mona sagte zu Anne: „Jetzt hast du so lange gekämpft, jetzt ist es genug. Jetzt möchtest du bestimmt gehen."

Anne gab einen Laut der Zustimmung. Beim Abschied machte Noemi einen Handkuss und Anne versuchte es auch. Noah kam noch einmal herein und gab Anne ein kleines Spielzeug, das er für sie aus der Kinderkirche mitgebracht hatte.

Abends kam Leona mit ihrer Mutter, die viel vom Urlaub erzählte. Leona war ganz still und schaute meist nur Anne und die Fotos über dem Bett an. Einmal reichte Anne mühsam ihre rechte Hand ganz nach links zu ihr hinüber. Leona ergriff sie und war den Tränen nahe.

Am Vorabend hatte ich mich entschlossen, unten bei Anne auf der Couch zu schlafen. Anne hatte die ganze Nacht leise geschnarcht, manchmal auch etwas gestöhnt, wenn sie wegen der Spucke husten musste. Gegen Morgen wurde der Atem rasselnd, flacher und kürzer. Ich klebte ihr ein Scopoderm-Pflaster hinters Ohr, das den Speichelfluss reduzieren sollte. Das hatte der Palliativarzt mir geraten.

Anne war nicht wach zu bekommen. Mitten in der Nacht hatte sie noch „Tiefer!" gesagt, als ich gefragt hatte, ob das Kopfende so richtig wäre.

Mittags kamen Frau Dr. Janßen vom Palliativteam und Schwester Claudia und gaben ihr ein Zäpfchen gegen das Fieber (39,6°). Es würde auch gegen Schmerzen wirken, wenn sie welche hätte, aber sie sah eigentlich ganz entspannt aus. Beim Zäpfchen wurde Anne wach und lag dann mit aufmerksamem Blick, wenn auch völlig schwach, fast unfähig, sich zu bewegen, im Bett. Frau Dr. Janßen erklärte uns, dass das Fieber nicht von einer Infektion käme, sondern dass der Tumor im Gehirn wohl den Bereich zerstört hätte, der die Körpertemperatur regelt. Es sei nicht genau vorauszusagen, wie viel Zeit Anne noch hätte. Sie fuhr wieder mit Schwester Claudia nach Düsseldorf zurück.

Mona kam mit Thorsten zu uns. Opa Manni passte solange auf die Kinder auf. Mona erzählte, dass Noah heute Morgen zu Noemi gesagt habe: „Guck mal, da ist ja die Anne (Foto)! Die lieb ich so sehr, aber vielleicht stirbt die heute!"

Als Mona ihn fragte, wie er darauf komme, antwortete er nur: „Weil die sehr krank ist."

Nihal, Dennis, Mona und ich standen um Annes Bett herum. Ihr Atem wurde schwer, noch kürzer, unregelmäßiger. Jeder sagte noch etwas zu ihr, und Anne schaute jeden, der gerade sprach, an und schien alles zu verstehen.

„Du bist die beste Schwester!" – „Du wirst bald die Mama von Dennis und Mona sehen und die Traute und das Baby, das wir nie kennengelernt haben ..." – „Wir würden dich so gerne behalten!" – „Du hast das alles ganz toll gemacht! – „Frag Gott, warum er meine Gebete nicht erhört hat!"

Als wir anfingen zu weinen, drehte Anne noch einmal mit letzter Kraft den Kopf zu uns und schaute uns mit einem ganz ruhigen, friedlichen Blick an, als wenn sie sagen wollte: „Ist doch gut, lasst mich doch ruhig gehen!"

Gegen 14.40 Uhr setzte das Atmen ganz aus, vorher waren schon die Finger blau geworden. Wir weinten alle sehr. Auch dieser leichte Tod war angesichts des Tumors nicht selbstverständlich.

Mona informierte ihre beste Freundin, dass sie die Kinder zum Zoo abholen sollte, damit Manni herkommen konnte. Ich informierte Frau Stüben, die gern gekommen wäre, aber schon auf dem Weg nach Frankfurt war. Sie rief aber Dr. Imschweiler an, der noch vor der Palliativärztin eintraf, die ich ebenfalls angerufen hatte. Gegen 15.45 Uhr kam Daniel vom Camp zurück. Auch er weinte heftig und ging dann nach oben, wo er allein sein wollte.

Frau Dr. Janßen und Schwester Claudia wuschen Anne und zogen ihr die Wunschkleidung an. Mona und Noah kamen noch einmal, weil Noah Anne unbedingt noch einmal sehen wollte. Er durfte ihre kalten Hände streicheln, und wir versuchten, ihm zu erklären, dass das jetzt nur noch Annes Körper und sie selbst schon bei Gott sei. Noah hörte sich das alles an und sagte zu Anne: „Wir sehen uns ja dann im Himmel." Dann drehte er sich um und fragte mich: „Oma, können wir jetzt was spielen?" Sein eigentlicher Abschied von Anne war ja schon am Vortag gewesen.

Später kamen die Bestatter und nahmen Anne mit.

Als wir einige Monate später von einem Bekannten einen schönen selbst gestalteten Engel für Annes Grab geschenkt bekamen, erinnerte ich mich an das Lied von Hella Heizmann: „Denn er hat seinen Engeln befohlen über dir, dass sie dich behüten …" (in Anlehnung an Psalm 91). Eine Gruppe von Kindern hatte es damals, als Anne noch ein Baby war, zu ihrer Einsegnung gesungen und Anne selbst hatte es später viele Male zu ähnlichen Anlässen in der Gemeinde als Solo vorgetragen. Bei diesen Erinnerungen wollte ein Anflug von Bitterkeit in meine Gedanken kommen. *Wo waren die Engel gewesen, die Anne behüten sollten ...?*

Die Ärzte hatten mit sechs Monaten Lebenszeit gerechnet, hatten uns auf Komplikationen durch Infektionen, Schmerzen und Krämpfe und möglicherweise einen qualvollen Tod vorbereitet. Wenn ich an die intensive Gemeinschaft mit Anne in den vergangenen drei Jahren dachte, daran, wie glücklich sie diese Zeit genossen und uns immer wieder mit ihrer Dankbarkeit und ihrem Humor beschenkt hatte, wie sie uns unzählige Male mit ihrer Vorfreude auf den Himmel getröstet hatte und wie leicht sie schließlich hinübergegangen war, konnte – und kann – ich nur sagen: Gottes Engel haben sie wirklich auf Händen getragen.

Donnerstag, 2. August 2012
(Tag der Beerdigung)

Der Pfarrer unseres Ortes hatte uns freundlicherweise die evangelische Kirche zur Verfügung gestellt, weil die Friedhofskapelle viel zu klein gewesen wäre. Der Abschiedsgottesdienst wurde von unserer Gemeinde sehr liebevoll und persönlich gestaltet. Schätzungsweise 300 Menschen waren gekommen.

... Als ich am gestrigen Tag am Schreibtisch saß und den heutigen Gottesdienst für Anne vorbereitete, wollte ich in meinem Herzen klagen: „Das ist kein glücklicher Tag." ...

Als ich mich aber immer tiefer in die junge Biografie von Anne hineindachte, wurde ich ruhiger. Ja, Frieden berührte mein Herz. ...

Liebe Abschiedsgemeinde! Wir möchten alle ... 70 bis 80 Jahre alt werden und uns verlieben, Partnerschaft leben, Beruf und Studium, Haus und Wohnung einrichten, Statussymbole erarbeiten, Hobbys und Reisen erleben und, und, und. Doch es gibt auch Ebbe. Aber alle Gezeiten kommen aus Gottes Hand. Schon David sagt: „Meine Zeit steht in deinen Händen, ob im Leben oder im Sterben." Aber wir müssen begreifen: Wir sind alle auf der Durchreise! ... Es ist nicht die Frage an uns: „Wie leben wir?", sondern: „Wie sterben wir?".

Anne war positiv und lebensfroh eingestellt. Und es ist keine Übertreibung: Sie hat immer wieder sagen können: „Ich freue mich auf den Himmel!" Das ist unsere eigentliche Bestimmung! Wir sind für die Ewigkeit geschaffen!

So starb Anne ohne erkennbare Schmerzen und Todeskampf im Beisein ihrer Familie am Samstag, dem 28. Juli. Sie erlebt jetzt ihren Gott und Christus in Freude!

Das Leitwort über der Abschiedsanzeige gibt Hoffnung im Leben und Sterben: Jesus sagt: „Ich bin die Auferstehung und das Leben. Wer an mich glaubt, wird leben, auch wenn er stirbt" (Johannes 11,25). ...

Jesus Christus musste durch den Tod gehen. In seinem Golgatha wird auch unser persönliches Golgatha gesehen und durchgetragen. Wir sind nicht alleine. Wir sehnen uns alle nach einer schmerzfreien Liebe. Die gibt es nicht. Weder für die Eltern zu ihren Kindern noch für Mann und Frau in der Beziehung. Schmerzfrei? Eine Illusion!

Gott kann man nicht erklären, auch nicht diese Stunden! Nur an ihn glauben. ...

Vor wenigen Tagen hat die Mutter im Zimmer der Anne ein Testament gefunden. Sie hat es am 16. September 2008 geschrieben, ein Dreivierteljahr vor Ausbruch der Krankheit, als im Rahmen des Philosophieunterrichts über das Thema „Tod" gesprochen wurde. Ich lese es:

Im ersten Teil zählt sie auf, wer von ihren Geschwistern ihre Wertgegenstände bekommt, wer ihr Geld, ihre Bücher und Kleidung bekommen soll und dass sich ihre Schwester und Mutter über ihren Teddy einigen sollen. Dann aber: „Das wäre dann alles. Bitte seid nicht so traurig. Ich habe euch sehr lieb und möchte, dass ihr glücklich seid, indem ihr an Gott festhaltet. Freut euch darauf, wenn wir uns wiedersehen, und zeigt damit meinem Philosophie-Kurs, dass das Leben doch einen Sinn hat! In Liebe, Anne Karunaratna." ...

Text nach der Foto-Präsentation
(Mona hatte Bilder aus Annes Leben zusammengestellt)

Wir sind dankbar für die wunderbare Zeit, die wir mit dir hatten. Du hast unser Leben sehr bereichert. Auch wenn wir die Frage nach dem „Warum" nicht beantworten können, wissen wir, dass du bei Gott gut aufgehoben bist und dass es eines Tages ein freudiges Wiedersehen geben wird.

Wir lieben dich.

Deine Familie

Mein Gebet, vorgelesen von der evangelischen Kranken-hauspfarrerin Antje Wenzel-Kassmer

Vater im Himmel,
ich verstehe überhaupt nicht, warum das alles jetzt so ge-kommen ist. Ich weiß nur, dass ich Anne aus irgendeinem Grund abgeben musste. Aber weil ich dich schon so lange kenne, weiß ich, dass du es immer gut mit mir meinst und dass ich den Grund jetzt auch gar nicht wissen muss. Dir allein gebe ich sie gerne. Du bist die Quelle und das Ziel meines Lebens, und ich weiß, dass ich Anne eines Tages bei dir wiedersehen werde.

Darauf freue ich mich schon.

> Ein endlos scheinender Zug von Menschen, die dem Auto des Beerdigungsinstituts folgten, erstreckte sich von der Kirche bis zum Friedhof.
>
> Dann der unbeschreibliche Augenblick am offe-nen Grab ...
>
> Zahlreiche Freunde aus der Gemeinde hatten in unserem Gemeindehaus eine riesige Kaffeetafel auf-gebaut und unzählige Kuchen waren mitgebracht worden. Dankbar nahmen wir wahr, dass uns sämtli-che Arbeiten abgenommen worden waren!

Nach dem Kaffeetrinken wurde angeregt, interessante und lustige Begebenheiten zu erzählen, die man mit Anne erlebt hatte. Dabei kam ein recht bunter Strauß zusammen und die Stimmung war heiter und dankbar.

Ich hatte den Eindruck, dass diese Beerdigung genau so abgelaufen war, wie Anne es gerne gehabt hätte. Verschiedene Freunde bestätigten mir dies später auch. Die tiefe Gewissheit, dass Anne jetzt bei ihrem himmlischen Vater war und es ihr nun richtig gut ging, war für uns unbeschreiblich stark spürbar.

Auch wenn die kommenden Monate die normale Trauerarbeit mit sich brachten, schmerzliches Vermissen, unzählige schöne und schwere Erinnerungen, unbeantwortete Fragen usw., verließ uns diese grundlegende Gewissheit niemals.

August 2012

Nachruf im Gemeindebrief,
verfasst vom Jugendleiter unserer Gemeinde

Nach dreijähriger Krankheit ist Anne nun heimgegangen.

Im Sommer 2009 wurde bei ihr ein Gehirntumor diagnostiziert. Die Ärzte meinten damals, dass sie noch höchstens sechs Monate zu leben hätte. Doch daraus wurden dann drei Jahre, die sie nach einer Operation fast ohne Schmerzen unter uns sein konnte.

Anne ging von Kindesbeinen an zu unseren Kindergottesdiensten, sie war Mitglied bei den *Royal Rangers* und arbeitete dort als Juniorleiterin mit. Mit elf Jahren ließ sie sich taufen. Sie lebte konsequent ihren Glauben an Jesus und ließ das auch ihre Schulfreunde wissen. Sie engagierte sich in der Jugendarbeit unserer Gemeinde und besuchte regelmäßig die Gottesdienste. Die letzten Jahre sahen wir sie meist in einem Gartenstuhl mit Kopfstütze und Armlehne, da sie schnell müde wurde und nicht mehr genügend Kraft hatte, lange auf einem anderen Stuhl zu sitzen.

Anne war bis zum Schluss ein fröhlicher und zufriedener Mensch. Sie empfand ihre Krankheit nicht als Belastung, sondern freute sich über jeden Tag. Sie lebte im Vertrauen auf Jesus und war uns allen darin ein Vorbild. Sie ließ es sich nicht nehmen, bis zum Schluss an den *Ranger*-Stammtreffen, den Jugendabenden und den Gottesdiensten teilzunehmen.

Wir werden Anne sehr vermissen und trauern zusammen mit ihrer Familie. Doch finden wir Trost darin, dass wir wissen: Sie ist jetzt zu Hause bei Jesus!

Zitate aus Beileidskarten

* ... Anne war ein besonderer Mensch. Wir werden sie niemals vergessen. ...

* ... Auch wenn ich nie – so wie Sie – auf Gott vertrauen und daraus Kraft schöpfen konnte, so bin ich dankbar dafür, dass ER Ihnen und Ihrer Familie in den letzten Jahren zur Seite stand und auch in Zukunft Hoffnung und Zuversicht geben wird. Anne ist nicht zuletzt durch ihren tiefen Glauben der sichere, grundpositive und zufriedene Mensch gewesen, den ich so ins Herz geschlossen habe. Ich bin dankbar für die schöne und bereichernde Zeit, die ich mit Anne verbringen konnte. ...

* ... Anne war so eine tolle, liebenswürdige, hübsche und sehr bewundernswerte junge Frau. Sie war ein riesiges Vorbild für uns in Bezug darauf, wie sie mit ihrer Krankheit umgegangen ist und wie viel Freude sie ausgestrahlt hat. ...

* ... Sie wusste um ihren Tod, ertrug ihr Leiden geduldig und zufrieden, obwohl sie das Leben so liebte. Ihre Reife und der tiefe Glaube verlieh ihr die Kraft, sich auf den Himmel zu freuen. So viel Gottvertrauen ist für mich überwältigend. ... Wir beneiden sie und auch euch um die Gnade dieses Glaubens. ... Wir kamen tieftraurig zum Gottesdienst und gingen gestärkt und beruhigt zum Friedhof in der Gewissheit, Anne in Gottes Hand zu geben. ...

* ... Anne ist zu Hause angekommen und frei von allen Beeinträchtigungen. Ihr hattet das Vorrecht, eure wunderbare Tochter ein Stück weit zu begleiten. ...

* ... Trotz der ihr sicherlich zum Schluss besonders bewusst gewordenen Unvermeidlichkeit des nahen Todes habe ich Anne immer als stark, optimistisch und in sich gefestigt erlebt. Die Art und Weise, wie Anne ihr schweres Schicksal angenommen hat und Sie als Familie an ihrer

Seite gestanden haben, hat mich zutiefst beeindruckt. Ein besseres Umfeld hätte Anne nicht haben können. Ihre tiefe Verwurzelung im christlichen Glauben hat Ihnen diese Stärke gegeben. Dass ich dies durch Sie alle erfahren konnte, hat auch mich sicherlich verändert. ...

* ... Anne hat es geschafft – mit ihrem wunderbaren Humor und ihrer Art – dass wir uns immer liebevoll und mit einem Lächeln an sie erinnern werden. ...

* ... Ich kann sagen, dass ich in meiner langen Dienstpraxis selten so einen Abschiedsgottesdienst erlebt habe wie heute. Eure Anne ist mir auch zu einem großen Segen geworden. Mein Herz ist tief berührt. Sie war vollendet für den Himmel. So möchte ich auch einmal heimgehen dürfen. ...

* ... Sie war eine unserer Lieblingsschülerinnen, die durch ihre Freundlichkeit, ihre Natürlichkeit und ihren Humor sehr zum Gelingen unserer Klassengemeinschaft beigetragen hat. Sie wird mit ihrer liebenswürdigen Art und ihrer Lebenslust, die sie auch während ihrer Krankheit nicht verloren hat, uns immer unvergesslich sein. ...

* ... Ich werde immer Annes Lächeln, ihr liebenswertes Wesen und ihre Lebensfreude in Erinnerung behalten. Sie war meine kleine „Schriftstellerin" und ein ganz wunderbarer Mensch. ...

* ... Kein Kind kann im Wissen um Gottes Liebe mehr getragen gewesen sein als Anne. Sie hat das ausgestrahlt, in ihrem Lächeln, ihrer Dankbarkeit und ihrer Zuversicht. Sie war so freundlich, lebensfroh, klug und hilfsbereit. Wir haben sie als einen wunderbaren Menschen erlebt und werden sie in unseren Herzen und in unserer Erinnerung behalten. ...

* ... Seit meiner ersten Begegnung mit Anne, noch vor der Operation, war ich sehr von ihr beeindruckt. Sie hatte eine ganz besondere Ausstrahlung und wusste vor allen anderen von ihrer Krankheit. Vielleicht hatten wir deswegen auch gewagt, den Tumor zu operieren. Dass sie nach der anfänglich so schwierigen Zeit gemeinsam mit Ihnen zu einer guten Lebensqualität gefunden hat, hat uns alle immer wieder erfreut. Gerne habe ich Ihren Dank an unser Team weitergegeben, möchte Ihnen aber auch gemeinsam mit meinem ganzen Team unsere Bewunderung für Sie als Familie ausdrücken, die es geschafft hat, gemeinsam mit Anne die ihr verbliebene Zeit zu einer lebensfrohen Zeit zu machen. ...

November 2012

Mein Artikel im Gemeindebrief

Ich bin aber davon überzeugt, dass unsere jetzigen Leiden bedeutungslos sind im Vergleich zu der Herrlichkeit, die Gott uns später schenken wird.
Römer 8,18; NLB

Der November ist mit seinem trüben Wetter oft für viele Menschen ein bedrückender Monat, zumal der letzte Sonntag auch noch der Totensonntag ist, an dem man sich besonders an verstorbene Angehörige oder Freunde erinnert. Ich bin froh, dass Luther diesen Sonntag bewusst „Ewigkeitssonntag" genannt hat, weil das meiner Meinung nach ein kompletter Perspektivwechsel ist: nicht nach hinten schauen auf das, was man verloren hat, sondern nach vorne in Richtung Ewigkeit, die uns von Gott vorbereitet ist.

Ich möchte in diesem Zusammenhang gerne einmal mitteilen, wie real mir diese Ewigkeit in den letzten drei Jahren, in denen wir Anne so intensiv begleiten durften, geworden ist. Ich wusste theoretisch schon lange, dass die menschliche Seele und der durch Gott wiedergeborene Geist zwei völlig verschiedene Bereiche sind, aber bei Anne haben wir das wirklich hautnah erlebt.

Ihr Bewusstsein und ihr Kurzzeitgedächtnis waren durch die ungünstige Position des Gehirntumors und die fünf Operationen sehr stark beeinträchtigt. Sie wusste selten, welchen Tag wir gerade hatten oder was sie kurz vorher erlebt hatte. Sie hörte die schlimme Diagnose, dass ihr Gehirntumor der wohl aggressivste von allen war, sie hörte die Ergebnisse aller Untersuchungen, die wieder Progress zeigten, aber sie war kaum in der Lage, Schlüsse daraus zu ziehen, weiter zu denken. Dadurch hatte sie auch keine Angst und konnte sich keine Sorgen um die Zukunft machen, und das allein war schon ein großer Segen.

Und trotzdem teilte sie uns durch viele Bemerkungen mit, dass sie ahnte oder wusste, dass sie nicht mehr viel Zeit hatte. Im ersten Jahr nach den OPs äußerte sie unzählige Male, wie sehr sie sich auf den Himmel freue und wie dankbar sie für das sei, was Jesus für uns getan hat. In den letzten Monaten, in denen sie so rapide schwächer wurde, war es für sie selbstverständlich, dass sie bald bei Jesus sein würde. Diese tiefe Gewissheit war durch ihr defektes Gehirn nicht im Geringsten beeinträchtigt.

Dass Anne in diesen drei Jahren so „pflegeleicht" war, dass sie in dieser Glaubensgewissheit lebte und dass Gott ihr darüber hinaus noch solch einen leichten Heimgang geschenkt hat, ohne Schmerzen und Krämpfe (was überhaupt nicht selbstverständlich ist), macht uns so überaus dankbar, dass wir gar nicht verzweifelt oder tieftraurig sein können, auch wenn wir sie natürlich menschlich sehr vermissen. Anne hat uns wirklich die Richtung gezeigt: zur Ewigkeit bei Gott, die wir uns jetzt noch nicht vorstellen können, aber wo wir uns wiedersehen werden.

Januar 2013

Brief von Mona an eine Bekannte

... Ich kenne deinen Schmerz, einen so wichtigen Menschen verloren zu haben, sehr gut. Es tut furchtbar weh. Aber ich muss sagen, dass es uns allen im Großen und Ganzen sehr gut mit der Sache geht. Wir sind immer sehr offen damit umgegangen, reden noch viel und oft über Anne, lachen und weinen auch manchmal zusammen. Aber dass es uns gut geht und wir nicht in einem Loch versunken sind, dazu muss ich ein wenig ausholen, damit du es verstehst.

Als wir die Diagnose von Annes Gehirntumor hörten, waren wir geschockt und die damit verbundene Lebenserwartung (sechs Monate) hat uns zutiefst traurig gemacht. Nur Anne hatte immer diesen Lebensmut und tröstete uns sogar noch! Nach der OP (wenige Tage nach der Diagnose) war Anne nicht mehr dieselbe. Ich kam in die Intensivstation und fand ein halbnacktes, in Windeln gewickeltes Etwas vor: an Schläuchen angehängt und mit seltsamen Zuckungen wie ein schwerstbehinderter Mensch, musst du dir vorstellen! Auch das Sprachzentrum war betroffen, sodass sie nicht in der Lage war zu kommunizieren. Selbst die Ärzte wussten nicht, wieso.

Wie du sicher weißt, habe ich einen sehr persönlichen Glauben an Gott. ... Ich habe seine Hilfe oft erlebt. Aber hier war es mir zu viel. Als ich Anne so sah, war ich sauer auf Gott und schimpfte an ihrem Bett mit ihm. Ich sagte ihm: „Gott, diesen Zustand akzeptiere ich nicht! Du sagst, dass du dich IMMER um uns kümmerst. Entweder du nimmst Anne jetzt oder du machst ein Wunder und sie kann wieder aufstehen und am Leben teilhaben und wieder reden; das ist meine Bedingung, sonst wird das mit uns nichts mehr!" Natürlich war das absurd, Gott Bedingungen zu stellen, aber für mich in meiner Situation war es menschlich und genau das, was er hören wollte, da bin ich mir sicher: kein frommes Gelaber, sondern mein Herz.

Es ist kaum zu glauben: Anne konnte nach ihrer Reha sprechen, laufen (womit keiner gerechnet hatte) und wieder weitgehend am Leben teilhaben. DAS WAR MEIN

WUNDER!!! Natürlich habe ich mir gewünscht, dass sie nicht stirbt, sondern geheilt wird, aber MEIN WUNDER war schon geschehen. Oft sprach ich offen mit Anne über ihre Leichtigkeit, mit der Krankheit umzugehen. Einmal fragte ich sie: „Bist du nicht sauer auf Gott, weil er dir alles genommen hat?"

Da sagte sie ganz trocken: „Wieso, Mona? Mir geht's doch gut!" Und so konnte ich immer von ihr lernen, dass es nicht darauf ankommt, so lange wie möglich zu leben, sondern, wo es danach hingeht. Sie sagte immer: „Ich freu mich so auf den Himmel!" Jetzt ist sie dort, und deshalb kann ich gut damit umgehen. SOMIT HAT SIE ES GESCHAFFT!

Ich breche auch ab und zu zusammen (Silvester z. B.), weil sie mir so schrecklich fehlt, aber ich merke auch, dass ich nicht allein bin mit meinem Schmerz und dass in allem Gott an meiner Seite ist. Ja, ich kann wieder lachen, fröhlich sein, weil es Anne jetzt gut geht. Im Endeffekt durfte sie noch drei Jahre leben, und diese Zeit haben wir sehr genossen und uns auch von ihr verabschieden dürfen.

Vielleicht kannst du mit dem ganzen Glaubenskram nichts anfangen. Bitte verstehe das nicht falsch, ich wollte dir nur sagen, wie ich in meinen Höhen und Tiefen in dieser Zeit am besten damit umgehen konnte und heute noch kann. Und sei dir sicher: Dass ich meine Mutter, meinen Opa, meine Schwiegermutter und jetzt meine Schwester durch Krebs verloren habe, das zehrt an einem und das geht nicht spurlos an einem vorüber, aber Gott hat mir gezeigt, dass trotz aller Verluste mein Leben GUT geworden ist, ich hatte keine schlechte Kindheit deswegen und bin trotz allem ein wirklich lebensfroher Mensch. Und ich glaube, das geht nicht von selbst, das geht nur mit Gottes Hilfe!

Meine Mutter zum Beispiel fand es wichtig, Tagebuch zu führen, vom ersten Tag der Diagnose bis zum Tod von Anne. Das [...] ist ihre Art der Trauerbewältigung. Zu meiner Trauerbewältigung gehörte es, das Versprechen mit dem Tattoo einzulösen.[16] Vielleicht ist es für jeden von euch anders, damit umzugehen, aber darüber sprechen tut so gut und macht die Seele frei.

Ich wünsche dir, dass du Frieden über den Tod deines Vaters bekommst und dich nicht dein ganzes Leben damit rumplagen musst. ...

Bericht von Frau Dr. Ute Horn,
vorgetragen am 26. August 2012 in unserer Gemeinde[17]

... Viele von euch haben mich an Annes Beerdigung zum ersten Mal nach vielen Wochen gesehen. Ich hatte den Wunsch, dabei zu sein, befand mich aber noch in der Reha in Bonn-Bad Godesberg. Ich ließ mich am Abend zuvor dort entlassen. So fuhr ich zusammen mit meinen beiden Söhnen nach Willich zur Beerdigung. Ich wusste nicht, ob ich es kräftemäßig nach achteinhalb Wochen Krankenhaus

---

[16] Mona hatte Anne zu Beginn der Krankheit versprochen, dass sie sich das Tattoo stechen lassen würde, was Anne eigentlich wollte: die sinhalesischen Schriftzeichen für „Anne".

[17] Frau Dr. Horn und ihre Familie gehören ebenfalls zu unserer Gemeinde. Anfang Juni 2012 wurde bei ihr ein zerebrales Kavernom festgestellt, das eine sofortige, riskante Operation erforderte. Die Operation gelang und sie hatte seitdem keinerlei neurologische Ausfälle.

und Reha schaffen würde, aber ich wurde hingezogen.

Annes und mein Leben werden immer miteinander verwoben sein. Ihr Leben und Sterben stellt Fragen auch an mich, ohne dass sie wirklich jemand stellt: Warum muss – oder besser: darf – sie sterben und bei Jesus leben und ich darf oder muss hier weiterleben? Gott hat eine Gewissheit in ihr Herz gepflanzt, dass es den Himmel wirklich gibt, und die hat sie uns weitergegeben. Und diese Gewissheit braucht jeder von uns im Leben und im Sterben, sonst werden wir untergehen. Die Frage, warum sie sterben durfte und ich lebe, wurde von Roman Siewert beantwortet: Sie hatte ihren Lauf vollendet, ich noch nicht. Wir machen Unterschiede und sagen: Ein Leben ist erfüllt, wenn es wenigstens 70 Jahre währt, aber ich weiß, dass es bei Gott diese Zeitrechnung nicht gibt. ...

Römer 14,8: „Leben wir, so leben wir für den Herrn, sterben wir, so sterben wir, um beim Herrn zu sein. Ob wir nun leben oder sterben, wir gehören dem Herrn." ...[18]

---

[18] Im Folgenden berichtete Frau Dr. Horn über weitere Erfahrungen in ihrer Krankheitszeit.

„Gott ist Freude!“

Anne Karunaratna

„Glaubst du an Gott?", fragte er. – „Ja", sagte sie. Und er erschoss sie.

Diese Szene spielte sich bei einem Amoklauf an der *Columbine High School*, 1999 in den USA ab und ist nur eine von unzähligen ähnlichen Begebenheiten, bei denen Menschen für ihren Glauben an Gott gestorben sind.

Was hat sie so sicher gemacht?

Warum haben sie nicht einfach „Nein" gesagt?

Woher wussten sie, dass es sich lohnt, für die Antwort „Ja" zu sterben?

Kann man an einen Gott glauben?

Ich glaube, dass es einen Gott gibt, der uns erschaffen hat, der uns liebt und der sich eine persönliche Beziehung mit jedem einzelnen Menschen wünscht. Das ist mein Standpunkt.

Ich kann Gott nicht beweisen, aber ich sehe mich auch nicht gezwungen, dies zu tun, da mir auch niemand das Gegenteil beweisen kann. Vielmehr bin ich überhaupt nicht imstande, mit meinen Worten Gott beweisen zu wollen. Ich kann ihn nicht mit den Augen sehen, ich kann ihn nicht messen, ich kann seine Größe in keiner Weise erfassen und bin dennoch von seiner Existenz überzeugt.

Warum?

---

[19] Vorgetragen auf der Philosophischen Podiumsdiskussion in der Willicher Gesamtschule am 26. März 2009 (ca. drei Monate vor Ausbruch von Annes Krankheit). Zu diesem Zeitpunkt war Anne fast 17 Jahre alt.

Viele Menschen sind der Meinung, sobald man an einen Gott glaubt, muss man sich zwangsläufig von seinem Verstand verabschieden. Ein naiver Glaube an etwas, das man nicht sehen kann und sich nicht mit den Erkenntnissen der Wissenschaft vereinbaren lasse, kann einfach nicht vernünftig sein. Ich denke aber, dass auch aus dem Bereich der Wissenschaft Hinweise für einen Schöpfer kommen, die zu beachten sind.

Schöpfung
Ich glaube, dass es einen Schöpfer gibt, der den Anfang ausgelöst hat, der es geplant hat und der in der Macht steht, es zu beherrschen. Immer mehr Forscher aus allen Bereichen der Naturwissenschaft, Nobelpreisträger, Professoren der besten Universitäten etc. kommen zu dem Schluss, dass das Universum und alles, was wir sehen, eine sinnvolle Ursache hat, denn von nichts kommt nichts.

Dieser Hinweis spricht mich persönlich am meisten an, dass alles, was jetzt auf der Erde und drumherum existiert, nicht zufällig, sondern aus einem Ursprung heraus entstanden ist. Es ist doch ein Prinzip, welches wir im Alltag ausschließlich erfahren: Was eine Wirkung hat, braucht eine Ursache. Wenn ein Vorgang vonstatten gehen soll, dann muss jemand oder etwas ihn auslösen, anders geht es nicht. Wenn wir jetzt draußen einen Knall hören würden und ihr fragt mich: „Woher kam dieser Knall, was hat ihn ausgelöst?", und ich würde antworten: „Nichts. Der ist einfach so passiert", dann würde das keiner von euch akzeptieren, weil es einfach unvernünftig ist. Also, wenn man für so einen Miniknall schon eine Ursache braucht, wie viel mehr braucht man dann einen

Auslöser für den Beginn des Universums? Woher soll das alles kommen?

Jemand hat es einmal so ausgedrückt: Wer glaubt, dass aus unbelebter Materie Leben in dieser Vielfalt einfach so entstehen kann, der muss auch glauben, dass aus einer Explosion in einer Druckerei ein zwölfbändiges Lexikon hervorgeht.

Wenn man sich die Tiere und Pflanzen und allgemein diese Vielzahl an unterschiedlichen Arten ansieht, komme ich dahin, zu glauben, dass es einen intelligenten, kreativen Gott gibt, der alle Lebewesen designed hat, und zwar zielgerichtet, nach einem Plan und nicht aus einer Laune heraus. Man muss sich vor Augen halten, wie perfekt alles aufeinander abgestimmt ist (Physiker: „Feinabstimmung"). Wäre ein Detail um ein wenig verschoben, könnte dies zur Folge haben, dass Leben auf der Erde schon gar nicht mehr möglich ist. Dass diese Feinabstimmung und die Tatsache, dass wir auf dem Planeten gelandet sind, wo optimale Lebensbedingungen herrschen und man alle darauf lebenden Menschen mit allein dem, was die Erde zu bieten hat, versorgen könnte, dass die Erdachse geneigt ist und damit der Abstand zur Sonne zum Aushalten ist, dass das alles nur Zufall war, fällt mir nach längerem Überlegen schwer zu glauben. (Zitat von Isaak Newton, Mathematiker und Astronom: „Die wunderbare Einrichtung und Harmonie des Weltalls kann nur nach dem Plane eines allwissenden und allmächtigen Wesens zustande gekommen sein. Das ist und bleibt meine höchste Erkenntnis.")

Ich bin überzeugt, dass es einen intelligenten, personalen Schöpfer geben muss, der alles in seiner Hand hält. Nur kommt man irgendwann an den Punkt, an dem man alle

Für- und Wider-Argumente abwägen kann, so viel man will, jedoch wird man auf dieser Ebene an seine Grenzen kommen. So muss man, egal, ob man das eine oder das andere vertritt, irgendwann einfach glauben, da führt kein Weg dran vorbei.

Moral

Gott könnte der Grund sein, warum wir eine Moral besitzen, ein Gewissen, welches Recht und Unrecht erkennt. Kann sich so etwas herausentwickelt haben? Ich denke nicht, denn sonst wäre es sinnvoller, anzunehmen, dass wir wie die Tiere nur einen Instinkt hätten, aber nicht ein Gewissen, mithilfe dessen wir mit Moralempfinden unser Handeln reflektieren können. Für mich ist die Moral somit ein klarer Hinweis dafür, dass es Gott gibt.

Liebe

Ebenso das Gleiche mit der Liebe. Woher soll die Liebe kommen, die stärkste von allen Emotionen, die auch über den Tod hinausgehen kann? Keiner kann erklären, woher die Liebe kommt und warum wir nicht vollkommen gefühllos sind. Und das ist der Grund, warum ich an einen personalen Schöpfer glaube, weil wir von einem Gott geschaffen sind, der genau solche Empfindungen besitzt und an seine Schöpfung weitergibt.

Ich bin davon überzeugt, dass der Gott, an den ich glaube, ein Gott der Liebe ist und jeden einzelnen Menschen liebt mit einer Liebe, die nicht von dieser Welt ist. Also keine Liebe, die nur eine besonders starke Zuneigung ist. Eine unbeschreibliche Liebe, die sich ausschließlich auf den Menschen an sich richtet und nicht auf dessen Taten oder Äußeres, denn so etwas machen nur Menschen untereinander.

Jetzt könnte man fragen, warum Gott uns nicht einfach dazu bringt, ihn zu lieben, wenn er doch so mächtig ist und sich Gemeinschaft mit uns wünscht? Der Mensch hat einen freien Willen. Ich glaube an Gott und treffe trotzdem jeden Tag an die hundert Entscheidungen. Wir können auf dieser Welt tun, was wir für richtig halten, wir können mit unserem Leben anfangen, was wir wollen. Im Laufe unseres Lebens kommen wir bei bestimmten Themen zu unterschiedlichen Einstellungen. Wir können an Gott glauben, können aber auch nicht an ihn glauben. Ich glaube, dass der freie Wille von Gott gegeben ist, und damit hat er sich nicht selbst geschnitten, sondern das will er.

Beispiel: Wenn ich unsterblich in jemanden verliebt wäre, aber ich weiß genau, dass dieser nichts von mir will und sich niemals in mich verlieben wird. Aber ich besäße die Macht, ihn unweigerlich dazu zu bringen, mich zu lieben, ob er will oder nicht. Das passiert dann auch. Aber kann ich mich darüber freuen? Nein. Viel besser wäre es doch, wenn sich derjenige ganz von alleine in mich verliebt. Und das ist genau das Gleiche bei Gott: Gott könnte, wenn er wollte, Macht über uns ausüben, und wir alle könnten nicht anders, als ihn für uns persönlich anzunehmen. Gott freut sich darüber, wenn Menschen aus eigenem Antrieb zu ihm finden. Er will keine willenlosen Marionetten, die nur fähig sind zu tun, was er will. Dafür hat er uns ja auch den Verstand gegeben.

Christlicher Glaube
Warum bin ich Christ und nichts anderes? Ich denke, das wesentlichste Argument für den christlichen Glauben ist,

dass es ein Glaube ist, bei dem wir uns nicht abrackern müssen, um Gott irgendwie näher zu kommen, sondern dass Gott uns näher gekommen ist. Er hat in erster Linie etwas für uns getan, indem Jesus, Gottes Sohn, auf die Welt gekommen und für uns gestorben ist. Somit glaube ich nicht, dass Jesus nur eine historische Figur war, sondern dass er die Weltgeschichte entscheidend geprägt hat, indem er für unsere Sünde, die nicht zu Gott passt, gestorben ist und damit die Möglichkeit geschaffen hat, zu Gott zu kommen. Daraus geht hervor, dass Gott uns vergibt und uns immer vergeben würde, wenn wir ehrlich bereuen, was wir falsch gemacht haben.

Somit glaube ich, dass Glaube keine Religion ist, der wir nachhecheln müssen, sondern eine Entscheidung, ob wir Gottes Angebot für uns persönlich in Anspruch nehmen wollen. Dieses Angebot besteht ein Leben lang, aber es lohnt sich so sehr, sich jetzt darauf einzulassen, wenn man es ehrlich meint. Ich glaube, dass sich etwas verändern wird.

Ich kann Gott immer noch nicht beweisen. Aber ich hoffe, dass ihr gemerkt habt, dass es nicht naiv und sinnlos ist, an einen Gott zu glauben. Gott ist nicht religiös – Gott ist Freude.

Hartmut Jaeger/Joachim Pletsch (Hrsg.)

Leid, Tod, Trauer
Ein Wegweiser zur Hoffnung

Über dem Leben jedes Menschen schwebt die Angst davor, leiden zu müssen. Wir hoffen alle, dass uns und unserer Familie leidvolle Erfahrungen erspart bleiben, aber oft
kommt es anders. In diesem Buch berichten Menschen,
die durch Krankheit oder Unfall ihren Ehepartner oder ihr
Kind verloren haben. Ihre Berichte zeigen, dass Gott auch
in den dunkelsten und schwersten Stunden des Lebens da
ist, tröstet und hilft.

Tb., 160 Seiten
Best.-Nr.: 273.455
ISBN 978-3-89436-455-7